Mañana
Spanish B
for the IB Diploma

Workbook

SECOND EDITION

Rosa Parra Contreras, Marina Durañona,
Carlos Valentini

Shaftesbury Road, Cambridge CB2 8EA, United Kingdom

One Liberty Plaza, 20th Floor, New York, NY 10006, USA

477 Williamstown Road, Port Melbourne, VIC 3207, Australia

314–321, 3rd Floor, Plot 3, Splendor Forum, Jasola District Centre, New Delhi – 110025, India

103 Penang Road, #05–06/07, Visioncrest Commercial, Singapore 238467

Cambridge University Press & Assessment is a department of the University of Cambridge.

We share the University's mission to contribute to society through the pursuit of education, learning and research at the highest international levels of excellence.

www.cambridge.org
Information on this title: www.cambridge.org/9781108440622

First published 2018

20 19 18 17 16 15 14 13 12 11 10 9 8 7

Printed in Great Britain by CPI Group (UK) Ltd, Croydon CR0 4YY

A catalogue record for this publication is available from the British Library

ISBN 978-1-108-44062-2 Paperback

....

Contenidos

1 Identidades

1.1 El español: una lengua viva

1 Lectura y comprensión

1 El siguiente texto se refiere a la adaptación de la lengua a las nuevas tecnologías. Antes de leerlo, elige una de las siguientes frases para expresar tu opinión y escribe la letra en la casilla.

A partir del uso de las nuevas tecnologías, la lengua…

a   ha incorporado muchas variantes no deseadas.

b   se mantiene casi idéntica.

c   ha mostrado su gran capacidad de adaptación.

El impacto de las redes sociales en el lenguaje

1   Tuitear, *googlear* y *guasapear* son la nueva generación de verbos que han reconfigurado el idioma español. Veamos el análisis de una experta para ayudar a entender cómo las nuevas formas de comunicación diversifican la lengua.

3 de julio de 2016

2   Tuitear. *Googlear. Guasapear.* El lenguaje y las redes sociales: un matrimonio con cortos, pero intensos años de relación. El idioma aceptó y adoptó nuevas definiciones de actividades que son hijas directas de las tecnologías de comunicación modernas. Su poder de sociabilización y de viralización impactaron en la anatomía de una lengua que vive en constante transformación. Analicemos cómo influyeron las redes sociales en el español y cuáles son las consideraciones de los expertos: los escenarios que delinear.

"El español es la segunda lengua más utilizada en Facebook y Twitter"

3   "La lengua es una entidad viva —enfatizó **Silvia Ramírez Gelbes**, experta en lingüística— y como tal crece, se transforma, adopta términos nuevos. Si no lo fuera, seguiríamos hablando en latín". Sobre este gran concepto orgánico es que las palabras se agolpan.

4   El lenguaje reaccionó de forma amable a las nuevas formas de escritura que se van multiplicando en las redes sociales. La especialista asume que las redes no son más que el espejo dialéctico de la sociedad, un mero espacio donde los que escriben no dejan de ser humanos.

5 La lengua evoluciona al compás de la humanidad. **Hay interacción, hay simbiosis, hay impacto.** Ramírez Gelbes compara la introducción de terminología derivada de las redes sociales con otros eventos históricos: "Cuando se crearon los aviones, todo el universo de la aeronáutica debió crear nuevas palabras. Lo mismo sucedió con las primeras computadoras". Un vocablo nuevo llena un espacio vacío, una necesidad de denominar algo que antes no existía. **Hay una actividad flamante: ponerle un nombre.** *Googlear* quizá sea un caso ejemplificador.

6 Las comunidades —y su idiosincrasia— son las ideólogas de estas nuevas definiciones. Nacen, crecen y se desarrollan en el hueco generado por una actividad sin bautismo del diccionario. ¿Por qué las personas, y no las academias formales, determinaron que a la acción de redactar un tuit se le diga *tuitear*? **"Porque la lengua es de los hablantes, no de las autoridades** —recordó la experta—. Y porque, por suerte, las academias han adoptado una postura más abierta y cercana a la libre regulación del lenguaje". Quizá el dialecto nacional haya asimilado estas definiciones modernas con mayor entusiasmo.

www.infobae.com (texto adaptado)

2 Basándote en los párrafos 1 a 4 del texto, relaciona las frases de la columna de la izquierda con las de la derecha. Escribe el número correspondiente en las casillas.

Ejemplo:

Los verbos más novedosos del español son… `3`

a El lenguaje es tan vital que… ☐

b La gente refleja en sus escritos… ☐

c El lenguaje lleva poco tiempo unido a… ☐

1 … vitalizar, reconstruir, adaptar.

2 … la influencia de las lenguas antiguas.

3 … *tuitear*, **googlear** *y* **guasapear.**

4 … las redes sociales.

5 … las decisiones de los programadores.

6 … está cambiando constantemente.

7 … ya no necesita adaptaciones.

8 … una nueva forma de expresarse.

3 ¿Qué conclusiones has sacado después de leer el texto? Escribe un texto (50 palabras) comparándolas con tu opinión anterior. Puedes comenzar eligiendo uno de los dos ejemplos y recuerda que debes justificar tu opinión con uno o dos argumentos razonados.

El texto confirma mi opinión sobre el tema porque…

No coincido con este enfoque porque…

....

....

....

....

....

....

2 Gramática en contexto

1 A continuación verás una serie de verbos cuyo sustantivo correspondiente lo debes encontrar en los párrafos 5 y 6. Localiza los sustantivos y escríbelos a continuación.

Ejemplo:

interactuar   *interacción* ....

a impactar ....

b nombrar ....

c definir ....

d actuar ....

e tuitear ....

f regular ....

2 Ahora, en cambio, vas a ver una serie de sustantivos cuyo verbo correspondiente aparece en los párrafos 3 al 6. Localiza los verbos y escríbelos a continuación, como en el ejemplo. Escribe al lado el infinitivo correspondiente.

Ejemplo:

transformación   *transforma (transformar)* ....

a adopción ....

b escritura ....

c evolución ....

d comparación ....

e creación ....

f nacimiento ....

g desarrollo ....

h determinación ....

i redacción ....

j recuerdo ....

3 El siguiente texto está orientado especialmente a la situación de los jóvenes descendientes de hispanos que viven en Estados Unidos. Completa la introducción con la forma adecuada de los artículos y las terminaciones que faltan.

Las ventajas de hablar dos idiomas

Descubre cómo conseguir que tu hijo hable también en español

Por Victoria Toro, experta en adolescentes

Uno de .... problemas con los que se encuentran much....
padres hispan...... de adolescentes es que, al alcanzar est...... etapa de
su vida, sus hijos abandonan .... uso del español. Niñ......
que hasta entonces se habían comunicado con ellos preferentemente en
nuestr...... idioma empiezan a utilizar, también con ....
familia, el inglés.

Algunos de est...... padres no le dan importancia y lo dejan pasar. En cambio
otros sí se rebelan contra est...... abandono de nuestr...... lengua, pero no
saben qué hacer para que sus hijos la mantengan.

4 Las construcciones que aparecen aquí forman parte del fragmento del texto que viene a
continuación. Completa las palabras con las terminaciones que faltan.

Ejemplo: los estudios científicos

a   su propi... visión del mundo

b   es... terribl... enfermedad

c   ... personas biling...

d   ... profesión

e   personas más san...

f   ... mundo globalizad...

5 Completa las **razones** que se mencionan en el texto y ubica las construcciones del ejercicio
anterior en el espacio adecuado.

Razones para no dejar de hablar español

Tanto unos como otros deben conocer las ventajas del bilingüismo. Son tantas y tan
importantes que conocerlas hará que entiendan que el esfuerzo de que los hijos
mantengan los dos idiomas merece realmente la pena.

1   **Ventajas intelectuales.** Son ya varios [*los estudios científicos*] que han demostrado que
[A] .... tienen mayor capacidad intelectual. Manejar dos
idiomas, sobre todo desde la infancia, pero también cuando se es adulto, te hace más
inteligente. La razón es que los bilingües ejercitan más su cerebro. Es como si el uso de
dos lenguas sirviera de gimnasia mental. Y eso hace que el cerebro funcione mejor.

2   **Ventajas profesionales.** No hay duda de que, en [B] ....
en el que vivimos, ser capaz de desenvolverse perfectamente en dos idiomas, sobre
todo si son el inglés y el español, proporciona ventajas a la hora de buscar trabajo
o para ascender en [C] .... que se ha elegido.

3   **Ventajas culturales.** El mantenimiento del español nos permite seguir ligados
a nuestra cultura. Cada cultura tiene su propio lenguaje, pero también
[D] .... Pertenecer a dos culturas, como les ocurre a la
mayoría de nuestros hijos, les permite tener dos visiones del mundo diferentes. Y eso
hará que su vida sea más rica.

4 **Ventajas físicas.** También la ciencia ha demostrado que el bilingüismo hace
[E] .... Sobre todo en lo que se refiere a las
demencias de la vejez. En el caso del alzhéimer, por ejemplo, un estudio publicado
por la investigadora canadiense Elen Byalistok en la revista científica *Neurology*
demuestra que usar dos lenguas cada día retrasa en al menos cuatro años la
aparición de [F] ....

adolescentes.about.com

3 Vocabulario

1   Busca en el texto del ejercicio anterior las palabras o expresiones que significan:

Ejemplo:

más inteligencia   .....*mayor capacidad intelectual*.....

a   niñez   ....

b   práctica intelectual   ....

c   conservación   ....

d   capacidad de hablar dos lenguas   ....

4 Escritura

Acabas de leer sobre las numerosas ventajas de estudiar una o varias lenguas extranjeras. Pero aún
no sabemos qué es lo que te ha impulsado a ti a elegir el español.

1   Escribe en tu cuaderno un comentario personal de entre 100 y 150 palabras donde expliques
tu situación actual como estudiante de español: tus intereses, tus expectativas cumplidas y lo
que aún esperas conseguir.

   • Puedes ayudarte de la información contenida en los textos utilizados.

   • Recuerda que se trata de un comentario "personal", es decir, que debe contener ideas y
   opiniones que te pertenezcan o que compartas con otras personas.

   • Organiza tu comentario (título, exposición de intereses y expectativas, y conclusión).

   • Asegúrate de emplear correctamente el número y el género de los sustantivos que utilices.

1.2 Che Guevara

1 Lectura y comprensión

1   Lee el diario que Ernesto Guevara escribió sobre el comienzo de su viaje.

Fue una mañana de octubre. Yo había ido a Córdoba aprovechando las vacaciones. En el jardín de la casa de Alberto Granado tomábamos mate dulce y comentábamos las últimas incidencias de nuestra vida mientras nos dedicábamos a la tarea de acondicionar la moto, la Poderosa. Él se lamentaba de haber tenido que abandonar su puesto en el leprosorio de San Francisco de Chañar y del trabajo tan mal remunerado del Hospital Español. Yo también había tenido que abandonar mi puesto, pero, a diferencia de él, estaba muy contento de haberlo dejado: sin embargo, también tenía algunas desazones, debidas, más que nada, a mi espíritu soñador; estaba harto de la Facultad de Medicina, de hospitales y de exámenes.

Por los caminos del ensueño llegamos a remotos países, navegamos por los mares tropicales y visitamos toda el Asia. Y de pronto, deslizada al pasar como una parte de nuestros sueños, surgió la pregunta:

—¿Y si nos vamos a recorrer Latinoamérica?

—¿Recorrer Latinoamérica? ¿Cómo?

—Con la Poderosa, hombre.

Así quedó decidido el viaje, que en todo momento fue seguido de acuerdo con los lineamientos generales con que fue trazado: improvisación. Los hermanos de Alberto se unieron y con una vuelta de mate quedó sellado el compromiso ineludible de cada uno de no aflojar hasta ver cumplidos nuestros deseos. Lo demás fue un monótono ajetreo en busca de permisos, certificados, documentos, es decir, saltar toda la gama de barreras que las naciones modernas oponen al que quiere viajar. Para no comprometer nuestro prestigio, quedamos en anunciar un viaje a Chile; mi misión más importante era aprobar el mayor número posible de asignaturas antes de salir; la de Alberto, acondicionar la moto para el largo recorrido y estudiar la ruta. Todo lo trascendente de nuestra empresa se nos escapaba en ese momento, solo veíamos el polvo del camino y a nosotros sobre la moto, devorando kilómetros en la fuga hacia el norte.

Ernesto *Che* Guevara, *Diarios de motocicleta: notas de viaje por América Latina* (texto adaptado)

2 Contesta las siguientes preguntas, partiendo del texto anterior, basado en el comienzo del diario de Ernesto Guevara.

a ¿Cómo se llamaba el amigo de Ernesto Guevara?

....

b ¿Qué es "la Poderosa"?

....

c ¿En qué tipo de centro de salud trabajaba su amigo?

....

d ¿Qué estaba estudiando Ernesto Guevara?

....

e ¿Por dónde querían hacer un viaje?

....

3 Lee las siguientes afirmaciones y distribúyelas en los cuadros correspondientes, considerando si pertenecen a la realidad o a los sueños de los jóvenes Ernesto y Alberto.

a *Hacer un viaje por América Latina*

b Aprobar las asignaturas de Medicina

c Visitar Chile

d Estudiar en la universidad

e Trabajar en un hospital

f Hacer exámenes

g Visitar Córdoba

h Estudiar el recorrido del viaje

i Preparar la moto

j Dirigirse hacia el norte

k Viajar por Asia

l Tomar mate

La realidad de Ernesto y Alberto	Los sueños de Ernesto y Alberto
	Ejemplo:
	Hacer un viaje por América Latina
....	....
....	....
....	....
....	....
....	....
....	....
....	....

2 Gramática en contexto

1 Partiendo del ejercicio anterior, ahora te vas a centrar en los acontecimientos reales de Ernesto y Alberto y los vas a transformar en oraciones completas, utilizando los verbos en *Pretérito Perfecto Simple*, o *Pretérito Indefinido*, tal y como lo has estudiado en el Libro del Alumno.

Ejemplo: Ernesto y Alberto <u>tomaron</u> mate en el jardín.

a ....

b ....

c ....

d ....

e ....

2 Lee el siguiente fragmento del diario escrito por Ernesto Guevara centrado en otra etapa de su viaje por América Latina.

> ## *DIARIO DEL VIAJE: PERÚ*
>
> **1** El jueves por la mañana fuimos con el doctor Montoya al otro lado del río a buscar algún comestible y recorrimos un brazo del río Amazonas, compramos a precios baratísimos papayas, yuca, maíz, pescado, caña de azúcar, y pescamos algo también. A la vuelta había un fuerte viento que encrespó el río y el conductor, Roger Álvarez, se enfureció cuando vio que las olas llenaban de agua la canoa; yo le pedí el timón, pero no me lo quiso dar, y fuimos a la orilla a esperar que amainara. Recién a las tres de la tarde llegamos a la colonia e hicimos preparar los pescados, lo que nos quitó el hambre.
>
> **2** Por la noche, una comisión de enfermos de la colonia vino a darnos una serenata homenaje, en la que abundó la música autóctona cantada por un ciego; la orquesta la integraban un flautista y un guitarrero que no tenía casi dedos; del lado sano lo ayudaban con un saxofón y una guitarra. Después vino la parte discursiva, en donde cuatro enfermos por turno elaboraron como pudieron sus discursos. Después Alberto agradeció la acogida, diciendo que frente a las bellezas naturales del Perú no había comparación con la belleza emocional de ese momento, que lo había tocado tan hondo que no podía hablar. "Y solo puedo —dijo— dar las gracias a todos ustedes".
>
> Ernesto *Che* Guevara, *Diarios de motocicleta: notas de viaje por América Latina* (texto adaptado)

3 Basándote en el párrafo 1 del texto anterior, contesta las siguientes preguntas:

a ¿Cuál es el río por el que transitaban Ernesto, Alberto y el doctor Montoya?

....

b ¿Cuáles son los cinco alimentos que compraron, procedentes de la tierra peruana?

....

c ¿Qué medio de transporte utilizaron para atravesar el río?

....

4 Basándote en el párrafo 2 del texto anterior, identifica las actividades de los enfermos dedicadas a los doctores, relacionando las frases de la columna de la izquierda con las de la columna de la derecha. Escribe la letra correspondiente en la casilla. Presta atención, porque hay más respuestas de las necesarias.

Ejemplo:

Un grupo de pacientes… `6`   1 tocaba la guitarra.

a Una persona que no podía ver… ☐   2 le dieron las gracias.

b Una persona sin dedos en las manos… ☐   3 prepararon una charla.

c Entre varios enfermos… ☐   4 tocaba el saxofón.

5 entonó música típica peruana.

6 *cantó en su honor.*

7 era el compañero del guitarrero.

5 Lee el siguiente fragmento del diario sobre otra etapa del viaje de Ernesto Guevara y su amigo por América Latina.

SAN MARTÍN DE LOS ANDES

1 El camino serpentea entre los cerros bajos que apenas señalan el comienzo de la gran cordillera y va bajando pronunciadamente hasta desembocar en el pueblo, tristón y feúcho, pero rodeado de magníficos cerros poblados de una vegetación frondosa. Sobre la estrecha lengua de 500 metros de ancho por 35 kilómetros de largo que es el lago Lacar, con sus azules profundos y los verdes amarillentos de las laderas que allí mueren, se tiende el pueblo, vencedor de todas las dificultades climáticas.

2 Oscureciendo ya, emprendimos el regreso, que finalizó entrada la noche. Sobre nosotros se descolgó un fuerte chaparrón que nos obligó a buscar refugio en una estancia, pero para ello debimos andar 300 metros en un camino barroso que nos envió dos veces más al suelo.

3 La acogida fue magnífica, pero el resumen de estos primeros pasos en tierras no pavimentadas era realmente alarmante; nueve porrazos en un día. Sin embargo, echados en nuestras camas, junto a la Poderosa, bien abrigados, lo que se hace necesario en estas comarcas donde las noches son bastante frías, veíamos el futuro con impaciente alegría.

4 Compramos un asado de vaca y emprendimos la caminata por las orillas del lago. Bajo la sombra de los inmensos árboles, hacíamos proyectos de poner allí un laboratorio. Pensábamos en los grandes ventanales asomados al lago, mientras el invierno blanqueaba el suelo.

5 Después, sentimos muchas ganas de quedarnos en algunos parajes formidables, pero solo la selva amazónica llamó tanto y tan fuerte a las puertas de nuestro "yo" sedentario. Ahora sé, casi con una fatalista conformidad en el hecho, que mi sino es viajar, que nuestro sino, mejor dicho, porque Alberto en eso es igual a mí. Sin embargo, hay momentos en que pienso con profundo anhelo en las maravillosas comarcas de nuestro sur.

Ernesto *Che* Guevara, *Diarios de motocicleta: notas de viaje por América Latina* (texto adaptado)

3 Vocabulario y ortografía

1 Ahora vas a relacionar los sustantivos de la columna izquierda con los adjetivos correspondientes de la derecha. Tanto los sustantivos como los adjetivos pertenecen al mismo campo semántico, es decir, significan algo relativo a la naturaleza descrita en el fragmento anterior.

Ejemplo:

cerros   8

a cordillera		1 verdes amarillentas
b pueblo		2 barroso
c vegetación		3 inmensos
d laderas		4 grande
e chaparrón		5 maravillosas
f camino		6 tristón y feúcho
g noches		7 fuerte
h árboles		8 *bajos y magníficos*
i parajes		9 frondosa
j comarcas		10 frías
		11 formidables

2 Las siguientes **palabras** del recuadro, extraídas del texto *El Che Guevara* de la Unidad 1.2 del Libro del Alumno, son **llanas** (o **graves**). Unas necesitan llevar tilde, y otras no. Clasifícalas según corresponda, acentuándolas correctamente cuando sea necesario.

album	*asma*	cesped	fragil	lavadero
angel	cadaver	cubano	imperialismo	ministro
arbol	caracter	*debil*	izquierdista	miseria
asesinado	carcel	delatado	lapiz	revolucionario

Palabras llanas (o graves) sin tilde	Palabras llanas (o graves) con tilde
asma	débil

4 Escritura

1 Como miembro de la organización solidaria para la que trabajas, has pasado unos días ayudando a los miembros de una comunidad indígena del Amazonas afectados por la devastación de un fenómeno de la naturaleza. Escribe un diario personal de entre 100 y 150 palabras en el que cuentes la experiencia que has vivido, tus intereses, tus expectativas cumplidas y lo que aún esperas conseguir.

- Puedes ayudarte de la información contenida en los textos utilizados.

- Recuerda que se trata de un comentario "personal", es decir, que debe contener ideas y opiniones que te pertenezcan o que compartas con otras personas.

- Organiza tu comentario (título, exposición de intereses y expectativas, y conclusión).

- Asegúrate de emplear correctamente el número y el género de los sustantivos que utilices.

....

....

....

....

....

....

....

....

....

....

....

....

....

....

....

....

....

....

....

1 Vocabulario

Vuelve a leer más abajo algunos párrafos del texto *Valorar las propias raíces ayuda a surgir* y realiza las siguientes actividades.

1 Busca en las siguientes partes del texto cuáles son las palabras o expresiones equivalentes.

Valorar las propias raíces ayuda a surgir

Este colegio dirigido a jóvenes mapuches intenta con éxito que sus alumnos se integren en la sociedad sin sacrificar su identidad cultural en el camino.

"Vimos que el currículum nacional no respondía a las necesidades específicas de estos jóvenes, a su 'realidad doble', así es que decidimos apostar por la interculturalidad", explica Ariel Burgos, presidente de la Fundación Instituto Indígena, que sostiene el colegio.

Ejemplo: estimar los orígenes

valorar las propias raíces ....

a formen parte activa

....

b dualidad

....

c encuentro cultural

....

d liceo

....

1

2 Lectura y comprensión

1   Basándote en el texto que se transcribe más abajo, contesta las siguientes preguntas con palabras tomadas del mismo.

> El aniversario del Liceo Particular Guacolda se festejó dos veces: el martes, sus profesores y alumnos agradecían a Dios en una misa. Y el miércoles, los mismos profesores y alumnos hacían una fiesta mapuche para honrar a Ngünechen, su máximo dios.

a   ¿En qué consistió la fiesta cristiana que hicieron en el Liceo Guacolda?

....

b   ¿A quién homenajearon en la fiesta mapuche?

....

2   Lee los siguientes párrafos e indica si las siguientes frases son verdaderas (**V**) o falsas (**F**). Escribe las palabras del texto que justifican tu respuesta, como en el ejemplo.

> El fruto de ello es este liceo, un establecimiento gratuito, de carácter técnico-profesional, donde la lengua mapuche (el mapudungún) es una asignatura obligatoria, un lugar en el que se trasnocha esperando el Año Nuevo mapuche en junio y que cuenta con profesores que son jefes mapuches.
>
> Se trata de un proyecto que ha tardado 23 años en consolidarse. "En un escenario de alta discriminación, el colegio le hace sentir al adolescente que su patrimonio cultural es un plus para su valor como profesional, lo que fortalece su autoestima", explica el director, Hernán Gutiérrez.
>
> **Del aula al trabajo**
> "Cuando el colegio partió, teníamos mucho entusiasmo, pero pocos conocimientos de qué hacer", cuenta Burgos. Por eso, las primeras especialidades que se ofrecieron —vestuario y artesanía— tenían un marcado espíritu conservacionista. Una visión que ha cambiado con el tiempo.
>
> Gracias a una serie de estudios y talleres, en los noventa la fundación notó que los mapuches tenían problemas para ser admitidos en los servicios públicos y en los de salud. De ahí surgió la idea de que el colegio podía formar profesionales que facilitaran el acceso a estas áreas.
>
> Por eso nacieron las actuales especialidades "interculturales". La idea en cada una de ellas es integrar los conocimientos del mundo convencional con los del universo mapuche, de modo que los alumnos puedan moverse entre ambos mundos sin problemas y también lograr algunas "fusiones".
>
> diario.elmercurio.cl (texto adaptado)

	V	F
Ejemplo: Los alumnos concurren al liceo sin pagar.	✓	☐

Justificación: establecimiento gratuito ....

a Todos los alumnos aprenden mapuche.   ☐ ☐

Justificación: ....

b El Año Nuevo mapuche coincide con el Año Nuevo cristiano.   ☐ ☐

Justificación: ....

c El proyecto se afianzó rápidamente.   ☐ ☐

Justificación: ....

d Para el liceo la raíz indígena agrega una cualidad positiva al nivel profesional.   ☐ ☐

Justificación: ....

e Vestuario y artesanía siguen teniendo un enfoque conservacionista.   ☐ ☐

Justificación: ....

f La admisión en los hospitales era dificultosa para los mapuches.   ☐ ☐

Justificación: ....

g Las especialidades "interculturales" permitieron unir algunos conocimientos de ambos mundos.   ☐ ☐

Justificación: ....

3 Gramática en contexto

1 Completa el siguiente texto con las preposiciones (*por, para, de, a, en, con*) que faltan.

> ***Especialidades que se enseñan*** .... ***el Liceo Particular Guacolda***
>
> • **Servicio** .... **Alimentación Colectiva Intercultural:** el alumno egresa dominando las técnicas .... la cocina chilena internacional, además de la cocina tradicional mapuche y la cocina fusión. Esta especialidad se encuentra acreditada .... el Ministerio de Educación .... través del sistema de formación permanente .... cargo de la oficina Chile Califica.

• **Atención de Enfermería Intercultural:** apunta .... la formación de un técnico de nivel medio capacitado .... trabajar .... centros .... salud públicos y privados, cuya formación está centrada .... la salud integral, incorporando los conocimientos del sistema de medicina tradicional mapuche.

• **Atención Intercultural de Niños Pequeños:** se enfoca en la formación de un técnico de nivel medio, ... capacidad .... desempeñarse .... diferentes contextos socioculturales, pero especialmente .... reforzar la identidad del niño/a mapuche mediante la valoración de su cultura y de su lengua.

• **Administración:** se dedica .... la formación de un técnico administrativo intercultural competente .... trabajar .... servicios públicos y privados; .... énfasis .... la atención de la población mapuche que tiene poco manejo de la lengua castellana. El objetivo es formar un profesional que pueda interactuar .... personas de la sociedad mapuche y no mapuche, convirtiéndose el aprendizaje y la práctica del mapudungún .... uno de los aspectos relevantes.

2   Completa las siguientes frases con las preposiciones *para* y *por* e indica cuál es el contexto en el que aparecen. Este ejercicio, por el grado de dificultad, está indicado para alumnos del Nivel Superior.

Recuerda algo importante:

• *Para* puede indicar lo siguiente: destino o finalidad; propósito u objetivo; dirección; indicación temporal precisa.

• *Por* puede indicar lo siguiente: causa; medio; precio; modo; velocidad, cantidad o distribución; lugar; ubicación temporal en una de las tres partes del día (mañana, tarde, noche); indicación temporal imprecisa o aproximada; cantidad de tiempo; agente (persona, entidad, organismo, etc. que realiza la acción).

Ejemplo: Los planes de estudio del liceo están aprobados por el Ministerio de Educación.

Contexto: agente ....

a   Los alumnos hicieron una fiesta .... honrar al máximo dios de los mapuches.

Contexto: ....

b   La fiesta se extendió .... dos días.

Contexto: ....

c   La directora salió temprano .... Cholchol en su auto particular.

Contexto: ....

d   Los estudiantes son discriminados .... tener rasgos indígenas.

   Contexto: ....

e   Los alumnos van a clases .... la mañana.

   Contexto: ....

f   El sol entra .... las grandes ventanas del colegio.

   Contexto: .... / ....

g   Los jóvenes asisten al Liceo Guacolda .... recibir una educación multicultural.

   Contexto: ....

h   Los profesores y los estudiantes preparan los festejos .... marzo, cuando se cumple un nuevo aniversario del liceo.

   Contexto: ....

i   Muchos niños y adolescentes mapuches se sienten valorados .... la comunidad .... haber estudiado en el Liceo Guacolda.

   Contexto: .... / ....

j   Doris se enteró del concurso culinario .... el periódico local.

   Contexto: ....

3   Completa las frases siguientes con los pronombres que corresponden (recuerda el caso especial de la preposición *con*).

   a   Conocer las propias raíces es importante para .... (yo)

   b   Recuerdo que mi abuelo vino con..................................... cuando me gradué. (yo)

   c   Ahora te toca a .... continuar con las tradiciones de tus padres. (tú)

   d   Estudiar con..................................... me ayuda a comprender y a ampliar mi visión del mundo. (tú)

   e   Elegí la especialidad en Alimentación Intercultural por .... (tú)

   f   A .... me gusta la especialidad de Salud Intercultural. (yo)

   g   Hice esta receta mapuche para .... (tú)

4 Lectura y comprensión

El LICEO GUACOLDA DE CHOLCHOL OBTUVO EL PRIMER LUGAR EN UN CONCURSO DE COCINA

1 Estudiantes del Liceo Guacolda de Cholchol obtuvieron el primer lugar en el Concurso Gastronómico realizado en Valdivia y organizado por la Facultad de Ciencias Agrarias de la Universidad Austral de Chile, con el auspicio de los Ministerios de Agricultura, Salud y Educación.

2 En el evento compitieron establecimientos educacionales de varias regiones del país, quienes presentaron, al mundo académico y público interesado, sus especialidades en la cocina.

3 El grupo de estudiantes ganadores corresponde al 4º Año de la Especialidad de Técnico en Alimentación del citado establecimiento educacional, quienes fueron acompañados por los profesores Jessica Ortega Rubilar y Johnni Burgos Poveda, los cuales se mostraron orgullosos de este notable reconocimiento para sus estudiantes, destacando que la mayoría de las preparaciones son creaciones propias de los alumnos y que fue una de estas la que les permitió tan valioso primer lugar.

4 Entre los competidores se encontraban establecimientos de reconocida trayectoria en el área gastronómica, especialmente aquellos que provienen de comunas fuertemente influenciadas por la gastronomía alemana. Sin embargo, fueron las preparaciones de cocina fusión mapuche de los estudiantes del Liceo Guacolda las que conquistaron el paladar profesional del jurado.

5 Entre los estándares medidos para la calificación se contaron el aspecto, sabor y creatividad de los platos concursantes.

6 Cabe señalar que no es la primera distinción que logra el Liceo Guacolda de Cholchol, pues en 2009, y dada la alta vulnerabilidad de su población escolar, fue reconocido como una de las instituciones escolares líderes en la lucha por la superación de la pobreza.

noticiasdegalvarino.blogspot.com.ar (texto adaptado)

1 Completa las siguientes frases utilizando la información del texto contenida entre los párrafos 2 y 4.

Ejemplo: Los alumnos participantes del concurso provenían...

de varias regiones del país ....

a Los platos típicos fueron exhibidos ante el...

....

b En los rostros de los maestros se evidenciaba la satisfacción por...

....

c Casi todas las recetas presentadas por los participantes eran...

....

d La competencia fue difícil porque había numerosos colegios que tenían una...

....

e A pesar de la gran influencia de la comida alemana, la ganadora fue una receta...

....

2 Completa el siguiente texto con palabras extraídas del recuadro y escríbelas en los espacios de abajo.

> El Liceo Guacolda fue el gran ganador del concurso culinario [*cuando*] el jurado de especialistas eligió un plato de cocina fusión mapuche **[A]** la propuesta más original. La receta no solo emplea técnicas y productos propios de la cocina internacional, **[B]** también utiliza condimentos tradicionalmente empleados por el pueblo mapuche.
>
> Al finalizar la ceremonia, los estudiantes expresaron su agradecimiento **[C]** obtener el premio, **[D]** sus profesores destacaron la creatividad de sus alumnos.
>
> Este establecimiento educativo de Cholchol ha agregado un nuevo galardón en su trayectoria, **[E]** hace unos años fue distinguido como la institución que más lucha **[F]** la discriminación de los mapuches.

a consecuencia de	como	después	por si	también que
a favor de	*cuando*	luego de	quien	ya que
antes de	en contra de	mientras que	sino que	

Ejemplo: cuando

[A] ....

[B] ....

[C] ....

[D] ....

[E] ....

[F] ....

5 Vocabulario

1 Basándote en el texto de la página 20, encuentra en el recuadro las palabras que corresponden a cada una de las definiciones dadas.

Ejemplo:

Prueba entre varios candidatos para conseguir un premio. [4]

a Ayuda o apoyo institucional o económico. [ ]

b Suceso importante y programado, de índole social, académica, deportiva o cultural. [ ]

c Premio o distinción a una persona entre las demás. [ ]

d Gusto con el que se percibe el sabor de los alimentos. [ ]

e Apariencia, presentación. [ ]

1 aspecto	5 delicadeza	9 evento
2 auspicio	6 donación	10 paladar
3 color	7 ejercicio	11 reconocimiento
4 *concurso*	8 estreno	12 recuerdo

1

6 Escritura

Escribe en tu cuaderno sobre uno de los siguientes temas.

1   Tú realizas un trabajo voluntario en una organización de tu país que lucha por la integración de las minorías. Como eres estudiante de Periodismo, te han pedido que escribas un artículo (reportaje de interés humano), de aproximadamente 250 palabras, sobre la experiencia de inclusión de jóvenes inmigrantes en las escuelas de tu ciudad, para ser publicado en el periódico de la organización.

Recuerda incluir lo siguiente:

- El relato de la experiencia de integración.

- Las opiniones de las personas involucradas.

Nivel Superior

2   En un colegio de tu ciudad se ha llevado a cabo una experiencia de integración de estudiantes de origen indígena o de otro origen étnico, que generalmente eran discriminados. La experiencia resultó exitosa porque permitió que estos mismos alumnos contaran al resto de sus compañeros aquellos aspectos de su vida y de su cultura que los hacían sentir orgullosos de sus raíces y que el resto de los alumnos de la escuela abrieran sus mentes y comprendieran las diferencias.

Escribe en tu cuaderno un artículo, de no más de 350 palabras, para ser publicado en la revista del Ministerio de Educación local.

Recuerda incluir lo siguiente:

- Una breve referencia a las formas de discriminación que sufrían estos estudiantes.

- Un relato de la experiencia de integración.

- Las opiniones de alumnos de ambos grupos (el minoritario y el mayoritario).

1 Lectura y comprensión

1 Lee la siguiente carta que Ernesto Guevara escribió a su madre desde Colombia.

CARTA DE ERNESTO GUEVARA A SU MADRE DESDE COLOMBIA

Bogotá, 6 de julio de 1952

1 Querida madre:

Aquí estoy, unos cuantos kilómetros más lejos, preparándome a seguir viaje rumbo a Venezuela. Te contaré escuetamente mis grandes aventuras desde que salí de Iquitos: la salida se produjo más o menos dentro del término establecido por mí, anduvimos dos noches con la cariñosa compañía de los mosquitos y llegamos a la madrugada al leprosorio de San Pablo, donde nos dieron alojamiento. El médico director, un gran tipo, simpatizó enseguida con nosotros y, en general, simpatizábamos con toda la colonia.

2 Nos demoramos algo más del tiempo calculado, pero por fin arrancamos para Colombia. La noche previa un grupo de enfermos se trasladó desde la parte enferma a la zona sana en una canoa grande y en el muelle nos dieron una serenata de despedida. El lugar es precioso, todo rodeado de selvas con tribus aborígenes, con abundante pesca y caza y con una riqueza potencial incalculable, lo que provocó en nosotros todo un lindísimo sueño de atravesar la meseta del Matto Grosso por agua, partiendo del río Paraguay para llegar al Amazonas haciendo medicina y todo lo demás; el hecho es que nos sentíamos un poco más exploradores y nos largamos río abajo en una balsa. Al atardecer la corriente nos llevó contra la orilla y unas ramas hundidas casi nos descuajan la balsa. El viaje de vuelta fue muy movido también, pero algo cansado porque tuvimos que remar siete horas bien contadas y no estábamos acostumbrados a tanto.

3 Nos contrataron como entrenadores de un equipo de fútbol mientras esperábamos el avión, que es quincenal. Después de un lindo viaje en avión que se movió como coctelera, llegamos a Bogotá. En el camino Alberto les hablaba a todos los pasajeros de lo terrible que había sido el cruce del Atlántico cuando le fallaron tres de los cuatro motores. El primer día en Bogotá fue regularcito. Recién a la una de la mañana nos dieron alojamiento en un hospital, entendiéndose por tal una silla donde pasamos la noche. Después nos tomó por su cuenta el servicio de lepra y el resultado: ofrecimiento de contrato para los dos.

zoonpolitikonmx.files.wordpress.com (texto adaptado)

2 Contesta las siguientes preguntas basándote en el texto.

    a ¿Quiénes se trasladaron en una embarcación grande?

    ....

    b ¿Qué había alrededor de la zona "sana" donde se encontraban Ernesto y Alberto?

    ....

    c ¿A qué río querían llegar los dos amigos?

    ....

    d ¿Cuál era la ocupación a la que pretendían dedicarse Ernesto y Alberto?

    ....

    e ¿Qué tuvieron que hacer en la balsa que los dejó agotados?

    ....

2 Vocabulario

Expresiones literarias

1 Busca en el primer párrafo del texto las palabras o expresiones que signifiquen lo siguiente:

    a Estar a mucha distancia.

    ....

    b Tal y como yo había planificado.

    ....

    c Los insectos estaban constantemente a nuestro alrededor.

    ....

    d La gente del lugar nos cayó bien.

    ....

2 Busca en el tercer párrafo del texto las palabras o expresiones que signifiquen lo siguiente:

    a Duración de quince días.

    ....

    b El viaje en avión fue muy agitado.

    ....

    c El recibimiento a su llegada a Colombia no fue ni bueno ni malo.

    ....

    d Denominación irónica de su dormitorio en el hospital.

    ....

3 Gramática en contexto

1 Para completar el párrafo 4 del texto, inserta los **sustantivos** de la tabla inferior en los espacios en blanco correspondientes.

> **4** Hemos decidido salir cuanto antes para Venezuela, de modo que cuando reciban esta [*carta*] estaré por salir ya. Este país es el que tiene más suprimida la [A] individual de todos los que hemos recorrido, la [B] patrulla las calles con un [C] al hombro y exigen a cada rato el [D]. Es un clima tenso que hace adivinar una [E] dentro de poco tiempo. Si quieren aguantarlo, allá ellos, nosotros nos vamos cuanto antes. Parece que Alberto tiene bastantes posibilidades de conseguir un puesto en Caracas.
>
> Un abrazo de tu hijo que te añora. Chau.

armas	*carta*	fusil	pasaporte
autoridades	dinero	libertad	policía
cárcel	domicilio	manifestaciones	revuelta

Ejemplo: carta

[A] ....

[B] ....

[C] ....

[D] ....

[E] ....

2 Lee el siguiente fragmento de los *Diarios de motocicleta* de Ernesto Guevara, escrito por su hija, y conjuga los verbos en *Pretérito Indefinido* o *Pretérito Imperfecto*, según corresponda en cada caso. Escríbelo en los cuadros de abajo.

> Cuando [*leí*] (*leer*) por primera vez estas notas no [A] (*tener*) formato de libro ni [B] (*saber*) quién las había escrito. Yo [C] (*ser*) mucho más joven y de inmediato [D] (*identificarse*) con la persona que había narrado con tanta espontaneidad sus aventuras. Claro que al ir leyendo [E] (*tener*) una idea de quién era este personaje y me [F] (*sentir*) muy feliz de ser su hija. [G] (*Haber*) momentos que literalmente hablando [H] (*despojar*) a Granado de su lugar en la moto y [I] (*apretarse*) con fuerza a la espalda de papi, [J] (*viajar*) junto a él por montañas y lagos; reconozco que lo [K] (*dejar*) solo en algunas ocasiones, sobre todo cuando es capaz de describir tan gráficamente cosas que hace, que yo no contaría nunca, pero que al hacerlo demuestra una vez más hasta qué punto puede ser un hombre honesto y poco convencional.

Ejemplo: leí

[A] ....

[B] ....

[C] ....

[D] ....

[E] ....

[F] ....

[G] ....

[H] ....

[I] ....

[J] ....

[K] ....

4 Vocabulario y gramática

1   Basándote en la crítica cinematográfica que aparece en la página 53 del Libro del Alumno, relaciona los sustantivos de la columna de la izquierda con los adjetivos de la columna de la derecha, como en el ejemplo.

Sustantivo	Adjetivo
Ejemplo: Lugar	1 legendario
a Situación	2 magnífico
b Luchador	3 famoso
c Creencia	4 *extraño*
d Intérprete	5 insuficiente
e Comida	6 desfavorable
f Individuo	7 firme

5 Escritura

1   Con motivo del cincuenta aniversario de la muerte del Che, la organización solidaria de tu ciudad, con la que colaboras, está preparando un homenaje a Ernesto Guevara. Escribe una carta a un familiar del Che en la que le invites a participar en el mencionado homenaje y le constates la importancia en la historia de la solidaridad de una persona tan carismática como él.

....

....

....

....

....

....

....

....

....

....

....

....

....

2 Experiencias

2.1 Los sombreros

1 Vocabulario

1 Basándote en el texto *El sombrero panamá* del Libro del Alumno, relaciona las palabras con las definiciones que se dan a continuación.

Ejemplo:

cosa u objeto producido o fabricado [3]

a elemento extraído de la naturaleza que es utilizado para producir bienes de consumo [ ]

b conjuntos de rasgos asociados a la apariencia o a la estética [ ]

c filamentos de origen natural aptos para ser hilados y tejidos [ ]

1 telas
2 materia prima
3 *producto*
4 fibras
5 géneros
6 sustancia
7 fruto
8 estilos

2 Lectura y comprensión

1 Basándote en el resumen de algunos otros párrafos de *El sombrero panamá*, contesta las siguientes preguntas con palabras tomadas de dicho resumen.

Durante la primera mitad del siglo XX, llevar un sombrero panamá era un sello de elegancia masculina y el incremento en la demanda hizo que Ecuador lo exportara en grandes cantidades. Sin embargo, en la segunda mitad del siglo, las ventas comenzaron a decaer a causa de un cambio en las costumbres y en la moda: se dejó de usar sombreros de todo tipo y de fibra de palma, en particular. Figuras muy populares, como el presidente John Kennedy, entre otros, comenzaron a llevar la cabeza descubierta y contribuyeron a que esta nueva moda se impusiera.

Desde entonces, la fabricación artesanal de sombreros panamá corre peligro de desaparecer. En la ciudad de Montecristi, de donde provienen los mejores sombreros de paja toquilla del mundo, apenas quedan 20 maestros de los 2.000 tejedores que había hace 20 años. A pesar de ello, estos ancianos artesanos no pierden la esperanza y confían en que este arte vuelva a renacer.

www.lafavoritacb.com

a ¿Qué significaba usar un sombrero panamá a comienzos del siglo pasado?

....

b ¿Cuál fue el cambio que se produjo en las costumbres masculinas que perjudicó la producción de este sombrero?

....

c ¿Cuál es el mayor deseo de los maestros artesanos de la ciudad de Montecristi?

....

2 Completa las siguientes frases basándote en la información contenida en estos párrafos del texto, como en el ejemplo.

Ejemplo: Cuando se impuso la moda de usar sombreros panamá, se produjo...

el incremento en la demanda ....

a El cambio que terminó perjudicando la producción de sombreros fue impulsado por...

....

b A causa de la disminución en la demanda de este tipo de sombrero, la producción...

....

c De los numerosos tejedores que eran originarios de la ciudad de Montecristi...

....

3 Lectura y comprensión

Una empresa de sombreros locos y divertidos, para fiestas, tiene esta tienda virtual donde describe sus productos. Lee el texto y realiza las siguientes actividades.

Sombreros de gomaespuma

1 Los sombreros de gomaespuma son ideales para fiestas de fin de año, carnavales, cumpleaños, bodas y todo tipo de evento en el que quieras pasar un momento divertido.

2 Los gorros de gomaespuma hacen que la gente se transforme, se desinhiba y decida dejarse llevar por el ambiente de fiesta y de color. Tenemos muchos gorros originales para que te diviertas de una manera diferente y loca.

3 Si buscas un regalo original para una fiesta, nuestros sombreros de gomaespuma son perfectos para que todo el mundo se lo pase genial: jóvenes, niños y adultos.

4 Contamos con un sinfín de modelos de sombreros divertidos, tocados femeninos y gorros gigantes con todo tipo de formas: coronas, tocados de flores, sombreros de copa, *cowboy* o vaquero, frutas, cactus, bolos, maceta, peces, flores...

5 Los sombreros de gomaespuma son ideales para caracterizar personajes en obras de teatro, musicales o carnavales.

6 Diseñamos y fabricamos sombreros de gomaespuma para fiestas de empresa, regalos promocionales, ferias y eventos.

7 Si no encuentras lo que estás buscando, puedes solicitar un diseño a medida, somos diseñadores y fabricantes.

8 Nuestra dirección es *www. shatss.com.*

www.shatss.com

1 Responde las siguientes preguntas con palabras tomadas del texto.

   a ¿Qué reacciones provocan los gorros de gomaespuma durante las reuniones?

   ....

   b ¿Para qué resulta perfecto usar este tipo de gorros en una fiesta?

   ....

   c ¿Qué característica tienen estos sombreros que hace que resulten divertidos?

   ....

   d En el mundo del espectáculo, ¿para qué resultan útiles estos sombreros?

   ....

2 Une cada subtítulo con un párrafo del texto.

   Ejemplo: Diferentes formatos = Párrafo 4

   a Datos de contacto = Párrafo…

   b Para cualquier momento = Párrafo…

   c Creaciones a pedido = Párrafo…

   d Para todas las edades = Párrafo…

   e Usos artísticos = Párrafo…

   f Fines = Párrafo…

   g Usos corporativos = Párrafo…

4 Vocabulario

1 Encuentra la palabra o palabras del texto que correspondan a las siguientes definiciones:

   Ejemplo:

   reunión social   evento ....

   a período de tiempo   ....

   b una cantidad muy grande   ....

   c adornos en la cabeza utilizados por las mujeres   ....

   d lugares públicos donde se venden diversos productos   ....

   e diseño y fabricación de un producto de acuerdo con
       la talla de la persona   ....

5 Gramática en contexto

La concordancia de artículo, sustantivo y adjetivo

1 Relaciona cada sustantivo con un adjetivo, como en el ejemplo. Luego forma el grupo
correspondiente (artículo + sustantivo + adjetivo). ¡No olvides que el artículo, el sustantivo y
el adjetivo tienen que concordar en género y número!

a	*mirada*	1	moderno, –na
b	animales	2	inesperado, –da
c	pintura	3	trabajador, –ra
d	madres	4	*perdido, –da*
e	noticia	5	bancario, –ria
f	cuentas	6	salado, –da
g	bocadillos	7	doméstico, –ca

Ejemplo:

a – .4. : *la mirada perdida* ....

b – .... : ....

c – .... : ....

d – .... : ....

e – .... : ....

f – .... : ....

g – .... : ....

2 Basándote en el texto *El hoodie y su implicación social* del Libro del Alumno, busca los grupos
de artículo + sustantivo + adjetivo que aparecen en los párrafos indicados más abajo. Luego,
verifica que haya concordancia de género y número entre los tres.

Ejemplo:

Párrafo 1: un estigma social ....

Párrafo 2:

a ....

b ....

Párrafo 3:

c ....

Párrafo 4:

d ....

e ....

Párrafo 5:

f ....

g ....

h ....

i ....

Atención:

A veces el orden de artículo + sustantivo + adjetivo puede cambiarse por artículo + adjetivo + sustantivo, pero, aunque pueda modificarse el orden, la concordancia de género y número se mantiene.

La concordancia entre pronombre y referente

3 Relaciona cada pronombre con su referente como en el ejemplo. ¡No olvides que el pronombre tiene que tener el mismo género y número que su referente!

Ejemplo:

Si usted quiere tener una fiesta divertida, los sombreros de gomaespuma no pueden faltarle.

Usted (masculino o femenino singular) / le (masculino o femenino singular) ....

a El problema con los tocados femeninos muy elaborados es que no puedes usar<u>los</u> todo el tiempo.

.... / ....

b La sudadera con capucha aún conlleva un estigma social que <u>la</u> ha convertido en objeto de prohibiciones legales.

.... / ....

c Las normas de tránsito obligan a que los motociclistas usen casco, pero muchos no <u>las</u> respetan.

.... / ....

d Si desea un tipo especial de sombrero para alguna reunión empresarial, nosotros se <u>lo</u> diseñamos.

.... / ....

e Avisamos a los clientes habituales que, a partir de la próxima colección, vamos a enviar<u>les</u> por Internet publicidad con nuestros últimos modelos.

.... / ....

2

6 Escritura

La ergonomía es una disciplina científica que pone en relación tres elementos del sistema (el ser humano, la tecnología y el ambiente) para lograr una mejor calidad de vida. Es multidisciplinaria porque participan de ella diferentes profesionales (diseñadores, arquitectos, ingenieros, médicos, psicólogos, kinesiólogos, y muchos más). Gracias a ella, tenemos teclados ergonómicos, asientos ergonómicos, maletas ergonómicas, automóviles ergonómicos…

Puedes averiguar más sobre este tema en Internet.

1 Escribe en tu cuaderno un folleto para la revista de tu colegio donde presentes un producto de tu invención que ayudará a los estudiantes en las actividades escolares (entre 250 y 400 palabras).

Algunas ideas: mochilas, ropa deportiva, sillas y mesas, aulas, o cualquier otra cosa que consideres necesaria para mejorar el ámbito escolar.

- Repasa en el tema Tipos de Texto (Unidad 6 del Libro del Alumno) las características del texto descriptivo y del folleto, en particular.

- Organiza tu redacción: título, subtítulos, imágenes, características del producto, sus virtudes o ventajas, etc.

- Toma en cuenta a los destinatarios del folleto.

- Adopta una actitud parcial o imparcial y, en función de ello, considera el tipo de vocabulario y el registro que emplearás.

- Revisa que hayas utilizado correctamente la concordancia entre los artículos, los sustantivos y los adjetivos, y entre los pronombres y sus referentes.

1 Vocabulario

1 Basándote en el blog del Libro del Alumno *¿Cuáles son los 4 tipos de viajes y viajeros que existen?*, relaciona las frases de la izquierda con las frases de la derecha. Escribe el número correspondiente en cada casilla.

Ejemplo:

El fanático de los atractivos turísticos es… [1]

a	El que busca lo inexplorado es…	[ ]
b	El que viaja para comprar es…	[ ]
c	El que debe captar cada instante es…	[ ]

1 … *metódico y cuidadoso*

2 … ahorrativo y rutinario

3 … tranquilo y despreocupado

4 … arriesgado e innovador

5 … gastador y poco previsor

6 … confiado y malhumorado

7 … atento y detallista

8 … profesional y responsable

2 Según las características que tiene cada uno de estos viajeros, y a partir de las palabras que puedes ver en la siguiente nube, dale un consejo a cada uno de ellos. Puedes hacer los cambios que creas necesarios en las diferentes palabras. Cuida que tu consejo no sea idéntico al que aparece en el blog original.

Ejemplo: A mí mismo…

Disfruta de cada momento y no les des importancia a los detalles que no funcionan bien.

a A los fanáticos de los atractivos turísticos…

b A los que buscan lo inexplorado…

c A los que viajan para comprar…

d A los que deben captar cada instante…

e A ti mismo…

paisaje disfrutar destino mejora intentar realidad tan sumergirte importantes algún visitar cultura Recorrer turísticos ojos atractivos Disfrutar motivo propios Ver manera

Ejercicio integrador

3 El texto que viene a continuación es un resumen de la audición que escuchaste.

Léelo y completa la información más abajo con las palabras que correspondan según su sentido. En cada cuadro, hay más palabras de las necesarias. *Atención:* la palabra en cuestión puede ser un sustantivo, un adjetivo o un verbo. Debes prestar atención a elegir la forma correcta.

> Eduardo Vázquez es un viajero diferente de otros porque no viaja por placer, sino por [*solidaridad*].
>
> Eduardo piensa que es una persona [A], porque [*se aburre*] con las cosas cotidianas y en cambio le gusta tener [B] todos los días. Él se considera muy alegre y por eso [C] reírse.
>
> Su primera experiencia con Equus fue como [D], pero ahora está dedicado a un proyecto distinto. Viaja con el objetivo de lograr la [E] de personas marginadas por diferentes motivos. De este modo [F] a difundir la [G] de la ONG a la que [H].

Sustantivos y adjetivos

acompañante	exclusión	labor	rara	sorpresas	tranquila
descanso	integración	propaganda	*solidaridad*	sustos	voluntario

Verbos

ayuda	le preocupa	pertenece	*se aburre*
le encanta	necesita	resiste	se entusiasma

Ejemplo: solidaridad ....

[A] ....

Ejemplo: se aburre ....

[B] ....

[C] ....

[D] ....

[E] ....

[F] ....

[G] ....

[H] ....

2 Lectura y comprensión

Vuelve a leer en el Libro del Alumno la segunda parte del artículo *Imágenes y memorias del último viaje de Julio Cortázar*, referida a la exposición "Cortázar por Mario Muchnik".

Basándote en las líneas 1 a 4, elige la opción correcta.

1   El título del artículo alude a las imágenes (que ya conoces) del último viaje de Cortázar y a las "memorias". ¿A quién pertenecen estas memorias?

    a   A Luis Alemany, autor de este artículo.

    b   Al escritor Julio Cortázar.

    c   A Mario Muchnik, el editor de Cortázar y fotógrafo del viaje.

    d   A la última esposa de Cortázar.

2   La exposición "Cortázar por Mario Muchnik" está integrada por dos tipos de documentos. ¿Cuáles son? Indica la opción correcta.

    a   Una revista y dibujos.

    b   Un periódico y fotos.

    c   Una entrevista y algunos retratos.

    d   Un libro y fotos.

Basándote en las líneas 5 a 9, responde las siguientes preguntas:

3   ¿Cuál es la circunstancia principal que determina la invitación de Mario y Nicole?

    ....

4   ¿Qué expresión del texto indica que Mario no esperaba la aceptación de Julio?

    ....

Basándote en las líneas 10 a 19, completa el siguiente ejercicio:

5   Enumera las tres características con las que se describe la condición de Julio el día del encuentro.

    •   ....

    •   ....

    •   ....

Las siguientes frases referidas a las líneas 9 a 19 son verdaderas (**V**) o falsas (**F**). Indica con [✔] la opción correcta y escribe **las palabras del texto** que justifican tu respuesta.

Ejemplo:

	V	F
Julio piensa continuar la relación con su compañero de viaje.	✓	

Justificación: intercambiaran direcciones y teléfonos ....

6 Cortázar se tomó vacaciones completas durante el viaje. ☐ ☐

Justificación: ....

7 Los amigos comían y bebían casi siempre lo mismo. ☐ ☐

Justificación: ....

8 Cortázar les dijo adiós a sus amigos el día de su cumpleaños. ☐ ☐

Justificación: ....

3 Gramática en contexto

Comparaciones

Vuelve a leer el siguiente fragmento del blog de viajes.

"[…] cada viajero es absolutamente diferente de otro, pero muchas veces poseen características similares entre sí."

1 Compara a los diferentes viajeros según las características que has identificado en los ejercicios de la sección de Vocabulario.

Ejemplo: El fanático de los atractivos turísticos es más reservado que el que viaja para comprar.

Completa las siguientes frases.

- El que debe captar cada instante es menos ....
  ....

- El que busca lo inexplorado es más ....
  ....

- No todos los tipos de viajeros son tan ....
  ....

2 Completa el siguiente texto con las estructuras comparativas y superlativas que correspondan. Están incluidas en el cuadro que aparece a continuación.

bastante confianza	menos divertido	tan distraída como
buenísima	mucho más	tan exacta como
la peor	*muy distraída*	tan maravilloso
más inquietantes de	sumamente atractivos	

Una viajera distraída

Soy [*muy distraída*]. Siempre digo que nací sin GPS. Me pierdo hasta en mi barrio. Mi novio tiene [A] sentido de la orientación que yo, por eso, cuando salimos de viaje, él es siempre el que se encarga de organizar los recorridos y el que lleva los mapas.

En cambio, yo soy [B] para las matemáticas. Soy [C] una calculadora a la hora de convertir la moneda, saber cuánto hay que pagar y hacer los presupuestos para el viaje.

Debe de ser porque yo odio andar con mi móvil a cuestas. Escuchar el ruidito de los mensajes es [D] distracción que puedo sufrir cuando estoy concentrada en otras cosas, dentro de un museo, por ejemplo, o paseando sin rumbo fijo. ¡Es [E] olvidarse de la conexión por unos cuantos días mientras uno viaja!

A veces pienso si la verdad no será que no soy [F] pienso y que me pierdo un poco a propósito para desconectarme de los destinos a los que voy siempre.

Lo que sí me encanta hacer es organizar el viaje antes de partir. Me tengo [G] en relación con los destinos que busco. Casi siempre acierto con lugares [H].

La última curiosidad que les cuento es que me encanta escuchar conversaciones ajenas cuando viajo. A veces me parece [I] pensar en el destino del viaje que escuchar por qué discuten mis vecinos de asiento o qué van a comer en la próxima cena.

Lo que sí creo es que una de las cosas [J] viajar es pensar que tal vez nunca más volverás a ver ese lugar que estás viendo ahora. Por eso siempre, en cada uno de mis viajes, hay algo de nostalgia anticipada.

Ejemplo: muy distraída ....

[A] ....   [F] ....

[B] ....   [G] ....

[C] ....   [H] ....

[D] ....   [I] ....

[E] ....   [J] ....

3   Mira y compara dos fotos de Cortázar que aparecen en el Libro del Alumno:

- la foto de la página 74

- la foto número 3 de la página 79

Ten en cuenta la actitud, el movimiento, la posición, el interés, la vestimenta, los objetos o las personas que lo acompañan. Después elige expresiones del siguiente cuadro para completar el texto.

bastantes	más objetos	muchísimas	muy interesados
completamente diferentes	más preocupado	muy ansiosa	muy relajada
la misma	menos personas	*muy atento*	otras
más concentrado	menos preparada	muy distraído	un poco cansado

2

Las fotos de Cortázar

Cortázar siempre está [*muy atento*] a lo que lo rodea. En las dos fotos está en actitud [A]. En la primera, se ven [B] que en la segunda, porque hay [C] libros en la estantería de la pared. En la segunda, Cortázar está escuchando lo que le cuenta un lugareño y parece que está [D] que en la primera. En la primera está solo, probablemente mirando al fotógrafo. En la segunda foto hay [E] personas. Los hombres que acompañan al escritor en la segunda foto parecen [F] en lo que le cuenta el lugareño a Cortázar. La segunda foto está [G] que la primera, ya que las personas no prestan atención a la cámara.

Ejemplo: muy atento.................................

[A] ....   [E] ....

[B] ....   [F] ....

[C] ....   [G] ....

[D] ....

4 Escritura

1   Tú eres uno de los viajeros que has conocido en esta unidad. Preséntate y escribe en tu cuaderno alguna de tus experiencias de viaje en aproximadamente 250 palabras. Puedes basarte en experiencias de viaje reales o puedes crear un personaje y viajes imaginarios.

Recuerda incluir lo siguiente:

a   Una breve descripción de tus características personales: edad, actividades, costumbres y gustos personales.

b   Un relato de tu viaje: a dónde fuiste, qué viste, qué te gustó o no te gustó y tus conclusiones.

2   Busca una foto de las que hayas tomado en alguno de los lugares que visitaste, que sirva como presentación visual de tu experiencia y tu aspecto. Súmala al texto. Si tu personaje no es real, busca una imagen que sea representativa de sus características y del ambiente.

2.3 Vida deportiva: rompiendo estereotipos

A partir de los siguientes párrafos de la entrevista a Saritilla, realiza las actividades que se proponen a continuación.

A

- Sé que tu club pone en marcha en estos días una campaña de promoción del fútbol femenino.

- Así es. Amigos del Duero se propone atraer a jugadoras que puedan incorporarse a los distintos equipos, según su edad.

- Tú has comenzado desde muy niña. ¿Cómo fueron tus inicios en el mundo del fútbol?

- Desde pequeñita me encantaba jugar al fútbol, porque en el pueblo nos pasábamos el día entero jugando en las calles. En Zamora, como a mis amigas no les gustaba jugar al fútbol, solía ir con el equipo de mi hermano a entrenar. Un día, alguien informó a mi padre de que el Club Deportivo Amigos del Duero tenía una división de fútbol femenino. Fuimos, me inscribí y al fin de semana siguiente jugué mi primer partido. Ya han pasado 17 años y aquí sigo, fiel al club que me lo ha dado todo.

1 Vocabulario y ortografía

1 Basándote en los párrafos que acabas de leer, busca las expresiones del texto que sean equivalentes a las que aparecen a continuación:

Ejemplo:

empezar   pone en marcha ....

a tratar de interesar   ....

b conseguir ingresar   ....

c gustar mucho practicar fútbol ....

d andar todo el tiempo practicando ....

e acostumbrar acompañar   ....

f entregar la totalidad   ....

2 Basándote en este fragmento del texto, escribe las palabras agudas que llevan tilde y completa los cuadros.

a ¿Cuál es la palabra llana que se repite varias veces y que aparece en singular y plural?

....

b Transcribe las palabras agudas acentuadas (hay diez en total).

c   Dos palabras de las que acabas de transcribir se repiten en este fragmento del texto, pero sin tilde. ¿Puedes encontrarlas? Escríbelas.

Palabra con tilde	Misma palabra sin tilde

d   Estos dos casos son tipos de palabras distintas y la tilde o acento ayuda a diferenciarlas. Ubica cada una de estas palabras dentro de la descripción correspondiente.

Ejemplo: (Yo) Sé (línea 1)	Verbo conjugado en primera persona del singular. La mayoría de las veces no es necesario que lleve el pronombre personal correspondiente.
i	Pronombre personal de segunda persona del singular, va siempre seguido de un verbo conjugado.
ii	Adjetivo posesivo de segunda persona del singular, va siempre seguido de un sustantivo.
iii	Pronombre complemento de tercera persona del singular que acompaña siempre a los verbos reflexivos.

B

–   ¿Tuviste algún impedimento para jugar al fútbol de pequeña en la calle o en el colegio?

–   La verdad es que no recuerdo ningún problema, en el colegio nunca tuve ninguno, siempre jugaba con los chicos y otra chica al fútbol. Yo creo que hoy en día esto ya no sucede, cada vez somos más chicas las que jugamos al fútbol.

5   –   ¿Qué le dirías a una niña que quiere jugar al fútbol, pero no se atreve a dar el paso?

–   Todas hemos empezado igual, hay que probarlo y practicarlo, y lo que piensen los demás no tiene que importar si es algo que realmente te gusta de verdad. Ese miedo no tiene que existir, las mujeres podemos jugar al fútbol igual que los hombres.

–   A pesar de tu juventud eres uno de los pesos pesados del equipo zamorano.

10   –   Sí, mi experiencia es muy gratificante. Pasé por todas las categorías inferiores del club hasta ser la capitana del primer equipo. Jugué con la Selección sub-12 de Zamora y en la Selección de Castilla y León hasta llegar a la sub-18.

–   Tu trayectoria profesional es impresionante, ¿crees que otras niñas podrán imitarte?

–   Eso espero, el futbol femenino tiene un potencial impresionante y hoy en día las cosas son más fáciles porque hay más difusión en los medios y la gente comienza a interesarse cada vez más.

–   Tus orientaciones pueden ser fundamentales para las candidatas. Diles qué se requiere para ser una buena futbolista.

–   Básicamente se necesita mucho entusiasmo y disciplina. No todo son rosas y no se llega al triunfo tan pronto. Mis consejos son los siguientes: entrena todos los días, así llueva, nieve o el sol te parta la cabeza; lleva una dieta equilibrada; tienes que saber que el espíritu de equipo lo es todo en el fútbol y que no hay lugar para las actitudes individualistas; sigue las indicaciones de los entrenadores; y, lo que es fundamental, aprende a organizar tu tiempo, ya que fuera del fútbol tienes una vida de estudio, de familia y de amigos.

25 – ¿Te gustaría en un futuro ser entrenadora o algo relacionado con el fútbol?

– Por supuesto, desde este año me dedico a coordinar las categorías inferiores del club y en un futuro, cuando deje de ju jugar, gar sí que me gustaría ser entrenadora o preparadora física de algún equipo.

– Muchas gracias, Saritilla, por realizar esta entrevista y por enviarme las fotos. Te deseo lo
30 mejor para ti y para tu equipo esta temporada y las temporadas venideras, que sé que tienes cuerda para rato.

2 Vocabulario

1 Lee las siguientes afirmaciones e indica qué significado tienen según el texto. Escribe la respuesta en la casilla.

a pesos pesados (línea 9) ☐

    i personas obesas

    ii figuras destacadas

    iii individuos antipáticos

b no todo son rosas (línea 19) ☐

    i nada dura toda la vida

    ii nunca te regalan flores

    iii las cosas no siempre son fáciles

c tienes cuerda para rato (líneas 31) ☐

    i tener mucha vida por delante

    ii tener un cordel por un tiempo

    iii tener facilidades para decidir

3 Lectura y comprensión

1 Basándote en el texto, indica si las siguientes frases referidas a las líneas 1 a 18 son verdaderas (V) o falsas (F) y escribe las palabras del texto que justifican tu respuesta.

Ejemplo:

	V	F
En el colegio, Saritilla jamás encontró dificultades para jugar al fútbol.	✓	☐

Justificación: no recuerdo ningún problema

a Actualmente, siempre hay una o dos chicas que juegan al fútbol en la escuela. ☐ ☐

Justificación: ....

2

b Las opiniones de la gente sobre una mujer jugadora son fundamentales para una niña. ☐ ☐

Justificación: ....

c El temor a las críticas debe ser ignorado. ☐ ☐

Justificación: ....

d Saritilla fue capitana del primer equipo poco tiempo después de comenzar en el club zamorano. ☐ ☐

Justificación: ....

e Saritilla desea que otras niñas sigan sus pasos. ☐ ☐

Justificación: ....

f En la actualidad, el público siente una mayor atracción por el fútbol femenino. ☐ ☐

Justificación: ....

g Las indicaciones de Saritilla para las niñas que comienzan son poco provechosas. ☐ ☐

Justificación: ....

4 Gramática en contexto

En el texto de la entrevista aparecen diferentes verbos en modo *Imperativo* (líneas 19 a 24).

1 ¿A qué pronombre personal corresponden los consejos que da Saritilla para ser una buena futbolista?

....

2 Transcribe en el siguiente cuadro los verbos en *Imperativo* que utiliza Saritilla y luego conjúgalos en las siguientes personas gramaticales.

2ª. persona singular	3ª. persona singular	1ª. persona plural	2ª. persona plural	3ª. persona plural
Ejemplo: entrena	entrene	entrenemos	entrenad	entrenen
a	....	....	....	....
b	....	....	....	....
c	....	....	....	....

5 Lectura y comprensión

Lee el siguiente texto y realiza las actividades propuestas.

[*Barreras superadas*]

Durante los Juegos Olímpicos de Londres en 2012, se dieron grandes pasos hacia la igualdad de género y se permitió que la mujer se incorporara a un deporte que estuvo consagrado durante siglos únicamente a los hombres: el boxeo. También,
5 estos cambios se evidenciaron en el permiso que concedieron algunos países para que sus deportistas mujeres participaran en los Juegos, cuando antes esta situación no estaba permitida por razones religiosas.

[A]

Sin embargo, se siguen registrando casos de exclusión en ciertos deportes de las
10 Olimpíadas. Por ejemplo, también hacia los hombres. Aunque parezca increíble, aún se está discutiendo si el Consejo Olímpico Mundial autorizará a los hombres a participar en la disciplina de natación sincronizada, también conocida como *ballet* acuático.

[B]

15 Lo curioso es que este debate se dio entre las propias participantes de esta disciplina, donde existen posiciones encontradas. Algunas de ellas no ven con malos ojos la posibilidad de tener compañeros de dúo que sean varones. Consideran que, así como en el *ballet* tradicional hay bailarines y bailarinas, sería interesante repetir esta experiencia dentro de la disciplina acuática. Otras, por el
20 contrario, piensan que esto haría perder masculinidad al hombre, al obligarle a hacer movimientos femeninos.

[C]

Ellos, por su parte, opinan que todo es cuestión de tiempo y que no faltará mucho para que les permitan terminar con la discriminación en este deporte.

1 Une los títulos con los párrafos del texto. Escribe el número apropiado en la casilla correspondiente.

Ejemplo:

[*Barreras superadas*] `4`   1 Normas para la inclusión

[A] ☐   2 Opiniones divididas

[B] ☐   3 Restricciones permanentes

[C] ☐   4 *Barreras superadas*

5 Cambios que se avecinan

6 La discriminación continúa

7 Decisiones contradictorias

8 Hábitos que no se modifican

2 Completa el siguiente cuadro, indicando a qué, quién o quiénes se refieren las palabras subrayadas.

En la frase...	la palabra...	se refiere a...
Ejemplo: *ellas no ven con malos ojos* *(líneas 16/17)*	*ellas*	*las propias participantes*
a piensan que <u>esto</u> haría perder (línea 20)	*esto*	
b al obligar<u>le</u> a hacer movimientos (línea 20/21)	*le*	
c <u>les</u> permitan terminar (línea 24)	*les*	

6 Escritura

La Comisión de Estudios ha aceptado incorporar el fútbol femenino y la natación sincronizada para hombres, respondiendo a la solicitud de tu clase, que se sintió motivada por la lectura de esta unidad. Ahora debéis conseguir promocionar estas actividades entre los estudiantes de todo el colegio.

1 Escribe en tu cuaderno un anuncio de aproximadamente 200 palabras animando a los estudiantes varones a inscribirse en natación sincronizada.

- Piensa en cómo los convocarías.

- Enumera algunos requisitos que deberían cumplir para poder inscribirse.

- No olvides utilizar el modo *Imperativo*.

- Puedes utilizar imágenes y otros recursos visuales.

En todo texto pueden aparecer tiempos y modos verbales diferentes. Presta atención a los verbos que se emplean en el anuncio publicitario.

2.4 El otro viaje de Cortázar

---

1 Vocabulario

1 Basándote en la información que te permitió comprender mejor el cuento *Continuidad de los parques*, de Julio Cortázar, trata de lograr una definición de cada concepto, relacionando las frases de la izquierda con las frases de la derecha. Escribe el número correcto en la casilla.

Ejemplo:

La <u>situación</u> se refiere al...   `1`   **1**   *... tiempo y espacio.*

a   Los <u>personajes</u> son...   `☐`   **2**   ... lo que hacen los personajes.

b   Las <u>acciones</u> indican...   `☐`   **3**   ... hechos y personajes imaginarios.

c   La <u>ficción</u> está formada por...   `☐`   **4**   ... las personas que intervienen.

                                                           5   ... personajes y situaciones históricas.

                                                             6   ... las cosas que se describen.

                                                             7   ... lo que quieren los personajes.

                                                             8   ... las características de los personajes.

2 Lee la siguiente caracterización de *fantástico*.

"Decimos que estamos frente a un relato fantástico cuando en un ambiente realista y cotidiano se introducen hechos inexplicables".

Teniendo en cuenta esta caracterización, clasifica los aspectos y hechos del cuento *Continuidad de los parques*.

Aspectos y hechos realistas	Aspectos y hechos fantásticos
Ejemplo: la casa	*Ejemplo: la entrada de los personajes en la casa*

Experiencias

3 En la primera parte del cuento aparecen algunas palabras y expresiones que son importantes porque adquieren un significado "agregado" que solo comprendes después de que has leído la totalidad del cuento.

Vuelve a leer este fragmento y completa la tabla que aparece abajo, explicando con tus palabras el significado básico y el significado particular que esas palabras o expresiones adquieren en el cuento. Aquí las tienes subrayadas. Puedes ayudarte con el diccionario para explicar los significados básicos.

> Había empezado a leer la novela unos días antes. La abandonó por negocios urgentes, volvió a abrirla cuando regresaba en tren a la finca; se dejaba interesar lentamente por la trama, por el dibujo de los personajes. Esa tarde, después de escribir una carta a su apoderado y discutir con el mayordomo una cuestión de aparcerías, volvió al libro en la tranquilidad del estudio que miraba hacia el parque de los robles. Arrellanado en su sillón favorito, de espaldas a la puerta que lo hubiera molestado como una irritante posibilidad de intrusiones, dejó que su mano izquierda acariciara una y otra vez el terciopelo verde y se puso a leer los últimos capítulos. Su memoria retenía sin esfuerzo los nombres y las imágenes de los protagonistas; la ilusión novelesca lo ganó casi en seguida. Gozaba del placer casi perverso de irse desgajando línea a línea de lo que lo rodeaba, y sentir a la vez que su cabeza descansaba cómodamente en el terciopelo del alto respaldo, que los cigarrillos seguían al alcance de la mano, que más allá de los ventanales danzaba el aire del atardecer bajo los robles. Palabra a palabra, absorbido por la sórdida disyuntiva de los héroes, dejándose ir hacia las imágenes que se concertaban y adquirían color y movimiento, fue testigo del último encuentro en la cabaña del monte.

Palabra o expresión	Significado básico	Significado en el cuento
Ejemplo: de espaldas a la puerta...	*con la puerta detrás*	*sin ver a sus atacantes*
irritante (posibilidad)		
intrusiones		
ilusión novelesca		
(placer casi) perverso		
absorbido		
sórdida disyuntiva		
héroes		

4 ¿Cuál de las palabras o expresiones con las que has trabajado, u otras que aparezcan en el cuento, crees que es la más clara para definir la idea o tema principal del cuento? Escribe la palabra o expresión y, a partir de ella, explica cuál es para ti ese tema o idea principal.

....

....

....

....

2 Lectura y comprensión

Nivel Superior

Vas a leer un fragmento del cuento *El perseguidor*, de Julio Cortázar.

1 Antes de leerlo, reflexiona a partir del título.

a Busca en el diccionario el verbo *perseguir* y considera sus diferentes significados. ¿Cuál imaginas que es el más adecuado para un cuento de Cortázar?

....

b Imagina una posible situación de persecución para un personaje de Cortázar. Por ejemplo, el lector de *Continuidad de los parques* **persigue** escapar del mundo que lo rodea; los amantes **persiguen** el objetivo de cometer un crimen, etc. Puedes también imaginar situaciones en que el perseguidor se convierte en perseguido e incorporar personajes imaginarios, por ejemplo, a la mujer de la pareja la **persigue** su propia sombra… Intercambia ideas con tus compañeros. ¿Es importante esta idea de perseguir o buscar? ¿Por qué?

....

2 Lee un fragmento del cuento *El perseguidor*.

> […] La música me sacaba del tiempo, aunque no es más que una manera de decirlo. Si quieres saber lo que realmente siento, yo creo que la música me metía en el tiempo. Pero entonces hay que creer que este tiempo no tiene nada que ver con… bueno, con nosotros, por decirlo así.
>
> Esto del tiempo es complicado, me agarra por todos lados. Me empiezo a dar cuenta poco a poco de que el tiempo es como una bolsa que se rellena. Quiero decir que aunque cambie el relleno, en la bolsa no cabe más que una cantidad y se acabó. ¿Ves mi valija, Bruno? Caben dos trajes y dos pares de zapatos. Bueno, ahora imagínate que la vacías y después vas a poner de nuevo los dos trajes y los dos pares de zapatos, y entonces te das cuenta de que solamente caben un traje y un par de zapatos. Pero lo mejor no es eso. Lo mejor es cuando te das cuenta de que puedes meter una tienda entera en la valija, cientos y cientos de trajes, como yo meto la música en el tiempo cuando estoy tocando, a veces. La música y lo que pienso cuando viajo en el metro. […]
>
> Julio Cortázar, "El perseguidor", *Las armas secretas* (1959)

3 Trata de identificar los componentes de la comunicación que se da entre los personajes.

Participantes: ¿quién habla? ¿a quién le habla?	
Finalidad u objetivo: ¿para qué habla?	
Mensaje: ¿qué dice?	
Tono: ¿cómo lo dice?	
Canal: ¿qué herramienta usa para transmitir el mensaje?	
Tema: ¿de qué hablan?	

4 La relación entre la música y el tiempo da a entender la existencia de dos tiempos posibles. Responde.

a ¿Cuál es el tiempo del que la música lo "sacaba"? ¿Qué nombre le darías?

....

b ¿Cuál es el tiempo en que la música lo "metía"? ¿Qué nombre le darías?

....

c El personaje compara este segundo tiempo con un objeto. ¿Cuál es?

....

d ¿Cuál es la mejor posibilidad que ofrece la valija?

....

e El personaje compara esta posibilidad con otra. ¿Cuál es?

....

f Elige la opción correcta.

La música y el acto de pensar en el metro son equivalentes porque...

i son actividades cotidianas para un músico.

ii permiten vivir en una dimensión diferente del tiempo.

iii son limitados, como la capacidad de la valija.

iv permiten simplificar la vida cotidiana.

3 Gramática en contexto

1 Completa los siguientes textos conjugando los verbos en *Pretérito Imperfecto*, *Pretérito Perfecto Simple*, *Pluscuamperfecto* o *Condicional*, según corresponda.

a Cuando terminé mi carrera, ... (salir) de mi casa para cumplir con el viejo sueño de recorrer el mundo. .... (estar) muerta de miedo, pero .... (saber) que ese .... (ser) el momento para intentarlo, aunque no sabía qué .... (ser) de mí en los próximos años de mi vida. No .... (estar) segura acerca de si .... (querer) ser una viajera de por vida, pero sí .... (necesitar) cumplir con ese objetivo en ese preciso momento.

b Ya llevo más de diez años en esta vida y aún sigo teniendo sorpresas. La semana pasada, en un pueblo perdido en el sur de Chile, ... (encontrarse) con una amiga española a la que no .... (ver) hacía años. Entonces .... (ponerme) a pensar en los diez años transcurridos y .... (llegar) a la conclusión de que soy muy afortunada. Desde antes de empezar a viajar .... (soñar) con una vida diferente, pero nunca .... (creer) que mis deseos .... (cumplirse) hasta este punto. Con mi amiga española .... (hablar) de todo y de pronto .... (parecer) que no .... (dejar) de vernos nunca.

2 Conjuga en la forma conveniente del pasado las formas verbales indicadas del fragmento de *El perseguidor* y escríbelas más abajo. (Hay algunas modificaciones en el texto).

> Eso del tiempo (ser) **[era]** complicado, (agarrarme) **[A]** por todos lados. (Empezar) **[B]** a darme cuenta poco a poco de que el tiempo (ser) **[C]** como una bolsa que (rellenarse) **[D]**. Quiero decir que aunque cambiara el relleno, en la bolsa no (cabe) **[E]** más que una cantidad. En mi valija (caber) **[F]** dos trajes y dos pares de zapatos. (Vaciarla, yo) **[G]** y después (querer) **[H]** poner de nuevo los dos trajes y los dos pares de zapatos, y entonces (darme cuenta) **[I]** de que solamente (caber) **[J]** un traje y un par de zapatos.

Ejemplo: era ....

[A] ....

[B] ....

[C] ....

[D] ....

[E] ....

[F] ....

[G] ....

[H] ....

[I] ....

[J] ....

4 Escritura

Vuelve a leer este otro fragmento de *Continuidad de los parques.*

> Primero entraba la mujer, recelosa; ahora llegaba el amante, lastimada la cara por el chicotazo de una rama. Admirablemente restañaba ella la sangre con sus besos, pero él rechazaba las caricias, no había venido para repetir las ceremonias de una pasión secreta, protegida por un mundo de hojas secas y senderos furtivos. El puñal se entibiaba contra su pecho, y debajo latía la libertad agazapada. Un diálogo anhelante corría por las páginas como un arroyo de serpientes, y se sentía que todo estaba decidido desde siempre. Hasta esas caricias que enredaban el cuerpo del amante como queriendo retenerlo y disuadirlo dibujaban abominablemente la figura de otro cuerpo que era necesario destruir.

1 Señala tres maneras de comunicarse (con palabras o sin palabras) que usan los personajes del relato:

a ....

b ....

c ....

2 Redacta el diálogo entre los amantes (aproximadamente 100 palabras).

Recuerda incluir a la persona que habla y sus palabras textuales.

Ejemplo:

Mujer: Deja que te limpie la cara. La tienes manchada de sangre.

Hombre: Ahora no, tenemos una misión que cumplir.

....

....

....

....

....

....

....

....

....

....

....

....

....

....

....

....

....

....

....

....

....

3 El cuento *Continuidad de los parques* deja un final abierto y lleno de expectativas. Continúa el relato en tu cuaderno e inventa un final posible (100-150 palabras). Recuerda que el texto debe ser narrativo (cuenta algo) para dar un cierre final a los episodios que presenta el cuento.

3 Ingenio humano

3.1 Frida Kahlo

1 Lectura y comprensión

1 Lee el siguiente texto sobre la modernidad de Frida Kahlo en la sociedad convencional en la que vivió.

Frida Kahlo: una mujer adelantada a su época

1 Frida Kahlo nació en Coyoacán el 6 de julio de 1907 y murió 47 años después, el 13 de julio de 1954. Sin embargo, decía haber nacido en 1910, el año en el que estalló la Revolución mexicana de Zapata y Pancho Villa, un movimiento que reconocía y daba valor al indigenismo. Frida fue una mujer muy adelantada a su tiempo, que no se sometió jamás a los convencionalismos de la sociedad que le tocó vivir.

2 Fue una mujer marcada por el dolor y el deterioro físico. A los seis años sufrió poliomielitis, lo que le provocó una cojera. A los dieciocho un tranvía la atropelló y las múltiples fracturas que le ocasionó el accidente le dejaron secuelas de por vida, pero nunca impidieron que tuviera una vida intensa con una gran producción artística, autorretratándose una y otra vez. El paso del tiempo no ha mermado su profunda influencia en artistas de todo el mundo. Frida fue una mujer adelantada a su época.

3 Pintaba cuadros pequeños y muy llamativos, llenos de color, de animales, flores y cráneos, dentro de la corriente indigenista, basada en la historia y la cultura indígena mexicana. Su forma de vestir también era un gesto de apoyo a la población indígena desfavorecida. Solía llevar ropas de las indias tehuanas y se adornaba con flores y joyas precolombinas o coloniales.

4 Frida vivió conforme a como se comprende el feminismo actualmente. Creía en la igualdad entre hombres y mujeres, y su actitud siempre demostró la superación de los estereotipos de género: tuvo muchos amantes de ambos sexos y se mostró políticamente muy activa. En ocasiones, se atrevía a vestirse con ropa de hombre, todo un acto revolucionario en aquella época.

2 Contesta las siguientes preguntas, basándote en los párrafos 1 y 2 del texto.

a ¿Qué se negaba a aceptar Frida Kahlo de la sociedad de su época?

....

b ¿Cómo afectó a la vida y a la producción artística de Frida Kahlo el sufrimiento causado por sus problemas físicos?

....

c ¿De qué etapa histórica de su país se sentía orgullosa la artista?

....

d ¿Cuánto tiempo ha pasado desde su existencia?

....

e ¿Qué expresión del texto indica el interés que aún hoy en día se tiene por Frida Kahlo?

....

3 Basándote en los párrafos 3 y 4 del texto, lee las siguientes afirmaciones y distribúyelas en las columnas correspondientes del recuadro, considerando si pertenecen al indigenismo o al feminismo de Frida Kahlo.

a   Incentivar la provocación

b   Decorar con cráneos

c   Vestir con trajes de hombre

d   Hacer referencia a la cultura mexicana

e   Tener gente que la imite

f   Ir en contra de las convenciones sociales

g   Utilizar ropa colorida

h   *Usar abundantes flores*

i   Adelantarse al futuro

j   Promover la igualdad de todos

k   Defender a los desfavorecidos

Indigenismo	Feminismo
Ejemplo: h *Usar abundantes flores*	

2 Gramática en contexto

Una mentalidad abierta

Se casó con el famoso muralista Diego Rivera. Ella tenía veintidós años y él, cuarenta y dos. Ya había tenido dos esposas. Nunca le fue fiel y mantuvo relaciones con muchas mujeres, incluso con la hermana de Frida, lo que provocó su divorcio, aunque se volvieron a casar después. Durante este segundo matrimonio Frida tuvo muchos amantes de ambos sexos.

Diego se declaraba apasionado del arte de Frida. Ella se sentía muy humilde, pero él siempre apoyó su trabajo e incluso la empujó a exponer en Nueva York en 1938.

1 Basándote en el texto anterior, presta atención al uso de los verbos en *Pretérito Perfecto Simple* e *Imperfecto* de *Indicativo*. A continuación, escribe en el siguiente recuadro los verbos que has encontrado en los tiempos verbales mencionados, según corresponda.

Pretérito Perfecto Simple	Pretérito Imperfecto
Ejemplo: se casó	

3 Lectura y comprensión

1 Lee el siguiente texto sobre la influencia de Frida Kahlo en la moda actual.

Influencia de Frida Kahlo en la moda

1 Frida Kahlo no respondía al prototipo de icono de la moda del siglo XX. A pesar de ello, la pintora y poeta mexicana es considerada como un referente estilístico (aunque su influencia vaya mucho más allá) capaz de generar gran fascinación. Esa faceta de Kahlo, tan famosa a día de hoy como su obra o su activismo, ha trascendido porque lo que la moda imita de ella es su espíritu, no sus prendas. Las referencias a Frida en la industria de la moda son incontables y su influencia forma parte de la cultura popular. Fue pionera en todo.

2 Utilizó la moda como forma de autoexpresión (y de provocación). Kahlo se vestía según cómo se sentía. Se puso el traje de oaxaqueña para reivindicar las raíces del pueblo mexicano después de la revolución y se lo quitó para castigar a Diego Rivera, su gran amor y marido, cuando este la engañó. También se cortó el pelo en aquel momento para molestarle. Además, la moda fue terapéutica para ella. En sus últimos años, cuanto más deteriorada estaba su salud más recargados y pensados fueron sus estilismos. Frida encontró el valor de la moda como mensaje y lo utilizó a lo largo de toda su vida. Ella representa la diversidad y su lenguaje fue el mismo que el de la moda: la provocación.

3 Aceptó su físico y redefinió el concepto de belleza. Artista, esposa, amante, activista, comunista, atea y modelo. Frida Kahlo fue portada de *Vogue* en 1937 y posó en más de 800 fotografías disparadas por los mejores fotógrafos del momento. Cuando las modelos discapacitadas aún no se habían subido a la pasarela y los cánones de belleza eran bastante menos inclusivos de lo que pretenden ser ahora, una mujer medio indígena, con una pierna más corta que la otra por culpa de la polio, bigotuda y cejijunta se convirtió en musa y modelo. Aceptó su físico de forma muy humilde y este es otro de los motivos por los que la moda sigue fascinada con su figura hoy en día.

4 Puso la moda a su servicio. Utilizó las faldas indígenas para lanzar un mensaje, pero también para disimular sus problemas físicos. Inventó las alzas para equilibrar la longitud de sus piernas y convirtió el corsé, un aparato ortopédico que le causaba dolor, en su prenda fetiche. Tenía más de 30 distintos (de hierro, escayola, piel dura…) y los pintaba para *customizarlos*. Para ella eran un suplicio, una herramienta de tratamiento, pero, al verlos, resultan bonitos. Supo combinar prendas caras con otras más económicas y mezcló todo tipo de estilos. Conjuntaba sus trajes de oaxaqueña con encajes, puñetas españolas y tafetanes europeos.

Clara Ferrero, 17 de mayo de 2016

smoda.elpais.com (texto adaptado)

2 Señala si las siguientes afirmaciones son verdaderas (**V**) o falsas (**F**) y justifica tu respuesta con palabras del texto (párrafo 1).

	V	F

a Frida Kahlo era vista como una modelo típica de la época.

Justificación ....

b Sus obras y su estilo han creado tendencia a lo largo del tiempo.

Justificación ....

c Lo que ha generado más interés en la gente ha sido su vestuario.

Justificación ....

3 Contesta las siguientes preguntas basándote en el párrafo 2 y elige la opción correcta.

a Frida Kahlo se vestía como las mujeres indígenas para…

   i agradar a su marido Diego Rivera.

   ii seguir la moda de la época.

   iii reivindicar a las mujeres del pueblo.

   iv colaborar con el espíritu revolucionario.

b Frida Kahlo se cortó el cabello para…

   i estar a la moda.

   ii gustarse a sí misma.

   iii complacer a sus seguidores.

   iv que su marido se enfadara.

c Frida Kahlo veía la moda como…

   i una manera de enfrentar la adversidad.

   ii una actividad popular.

   iii una plataforma para la fama.

   iv un medio para adaptarse a la sociedad.

4 Vocabulario y ortografía

1 Basándote en los párrafos 3 y 4 del texto *Influencia de Frida Kahlo en la moda*, encuentra las palabras o las expresiones que signifiquen lo siguiente:

Ejemplo: Normas de la estética

Cánones de belleza ....

a Persona que procede en parte de pueblos aborígenes

....

b Extremidades inferiores desiguales

....

c Cejas demasiado unidas

....

d Faja terapéutica

....

e Tortura

....

f Ropa costosa

....

2 Lee el siguiente texto sobre el uso de los complementos en el vestuario de Frida Kahlo. Podrás comprobar que el texto carece de tildes. Escribe las tildes donde corresponda.

> [...] *Entendió* como nadie el poder de los accesorios y los reinvento. Sus miticos anillos y joyas XL, fruto de sus propias creaciones, la convirtieron en una de las pioneras en su epoca en sustituir la bisuteria pequeña por las joyas voluminosas. Eso, junto a sus permanentes flores en la cabeza, prueba la importancia que siempre concedio a los complementos. Pero, ademas, Kahlo sabia que la actitud es el mejor accesorio de moda. Para ella, como llevar algo siempre fue mas importante que que llevar [...].
>
> smoda.elpais.com (texto adaptado)

3 Basándote en el texto anterior, escribe en el recuadro, según corresponda, los siguientes tipos de palabras con tilde.

Agudas	Llanas	Esdrújulas
Ejemplo: Entendió		

5 Escritura

1 Como miembro del club de cine de tu colegio, vas a escribir una crítica cinematográfica sobre una película basada en un/a pintor/a que incite a tus compañeros a verla. Elige cualquier pintor/a que no sea Frida Kahlo.

Para elaborar tu respuesta, es aconsejable que sigas estas pautas:

- Pon un título adecuado.

- Al principio de tu escrito debes mencionar que eres un miembro del club de cine de tu colegio. Incluso puedes asignar un nombre a dicho club.

- Al comienzo de la crítica en sí, escribe los datos objetivos e informativos sobre la película.

- Si lo consideras oportuno, puedes consultar en Internet para encontrar un/a pintor/a que pueda ser interesante para la gente de tu edad.

- No olvides incluir aspectos positivos y mejorables de la película.

- Otórgale una puntuación.

....
....
....
....
....
....
....
....
....
....
....
....
....
....
....
....
....
....
....
....

3.2 Borges e Internet

1 Vocabulario

1 Las siguientes palabras y expresiones están tomadas de los textos con los que trabajaste en esta unidad. Organízalas ubicándolas en la columna correspondiente. *Atención:* hay palabras y expresiones que pueden pertenecer a más de una columna.

animaciones	hipertexto	interacción	obra interactiva	*poesía*
amistad	hipervigilancia	libros electrónicos	página de inicio	sonidos
capítulo	hipervolumen	medio bidimensional	párrafo	*usuario*
cuento	imágenes	medio tridimensional	persona introvertida	vínculos

Internet	Literatura	Relaciones sociales
Ejemplo: usuario	*Ejemplo: poesía*	*Ejemplo: amistad*

2 Lectura y comprensión

1 Lee el artículo de Manuel Gimeno *De cómo Borges adivinó Internet y otras fabulaciones.*

> **1** Muchos han sido los autores cuyas obras han versado sobre asuntos tecnológicos o han hecho de la técnica el principal protagonista de sus relatos. Desde los visionarios del mundo que hoy nos ha tocado vivir, como Julio Verne o H.G. Wells, hasta los que han referido el futuro que nunca veremos, como Philip K. Dick o Isaac Asimov. Generaciones de lectores hemos disfrutado con su despliegue de imaginación y, gracias a ellos, hemos sido capaces de entender mejor el universo que nos rodea. En todos ellos la referencia tecnológica es obvia. Pero hay otros que, quizá sin saberlo, casi seguro que sin saberlo, han anticipado asuntos venideros sin que sus escritos versen sobre esas materias.
>
> **2** No negaré que las líneas que siguen exigen al lector su completa complicidad con lo que en ellas se describe, incluso mucha imaginación… Espero, en cualquier caso, no enfadar ni disgustar a nadie con mi atrevimiento.

3 Que Borges adivinó Internet no es a estas alturas secreto alguno para cualquier iniciado en la lectura de sus escritos, siempre que, a la vez, sienta debilidad por el hipervínculo. En su obra *El libro de arena*, publicado en 1975 (¿sabría ya algo don Jorge Luis?), nos describe el hallazgo de un libro cuyo número de páginas es "exactamente infinito. Ninguna es la primera; ninguna, la última". Incluso hace mención al concepto de hipervolumen, entendido como el número infinito de volúmenes. Considerando el número de páginas abordable a través de la red, las ideas, los conceptos parecen converger. Y ya que hemos entrado en un juego, no permitiré al lector que me indique que al conectarnos siempre nos aparecerá la llamada "página de inicio". Tanto el lector como yo sabemos que esa página puede ser tan infinita como el propio Internet.

4 Siguiendo con la red, según el informe *eEspaña 2003*, elaborado por la Fundación ORANGE, el "chat" es la tercera herramienta más utilizada por los internautas, con especial incidencia en nuestro país. Pues bien, tan exitoso instrumento fue anticipado nada menos que en 1719. Cierto es que no eran el cable o el par de cobre el medio de transporte, sino las olas, pero Daniel Defoe convertía a su Robinson Crusoe no solo en el precursor del moderno "manitas" (ese hombre hacía de todo y todo lo hacía bien), sino en abanderado de toda una generación de ciudadanos posterior a él en casi 300 años, al escribir un mensaje, encapsularlo y enviarlo al mundo con la confianza de que alguien no necesariamente conocido, en algún destino no previamente determinado, tuviera a bien recibir el mensaje y, sobre todo, contestarlo.

Manuel Gimeno, director general de la Fundación Orange (España)
(texto adaptado)

2   Solo cuatro de las siguientes frases son verdaderas según la información del párrafo 1. Escribe las letras correspondientes, en cualquier orden, en las casillas de la derecha, como en el ejemplo.

En relación con estos autores el texto dice que…

a   Sus obras están escritas en verso. | b |

b   *La tecnología es un elemento importante en muchas de sus obras.* | |

c   Algunos anticiparon el mundo actual. | |

d   Las características de su literatura impiden el desarrollo de la imaginación. | |

e   Sus obras ayudan a comprender mejor el mundo.

f   Todos son conscientes de su visión futurista.

g   Sus obras pueden confundir nuestra interpretación del mundo.

h   Muchos anticiparon el futuro sin saberlo.

3 Según lo que se expresa en el párrafo 2 del texto, ¿qué actitud espera Manuel Gimeno del lector de este artículo? Elige la opción correcta.

    a   Criterio analítico

    b   Esfuerzo

    c   Participación activa

    d   Escepticismo

Contesta las siguientes preguntas con palabras tomadas de los párrafos 3 y 4 del texto.

4 ¿Qué concepto característico del universo de Internet aparece ya en *El libro de arena*?

    ....

5 ¿Qué elemento de la red podría hacer dudar de la relación entre Internet y *El libro de arena*?

    ....

6 ¿Qué tres acciones llevó a cabo Robinson Crusoe que lo convierten en iniciador de la mecánica del "chat"?

    a ....

    b ....

    c ....

7 ¿Qué dos acciones espera Robinson Crusoe de sus receptores que los igualan a los usuarios del "chat"?

    a ....

    b ....

8 ¿Qué tipo de texto crees que es este? Elige la opción correcta.

    a   Una reseña literaria

    b   Un informe sobre la literatura contemporánea

    c   Una descripción de un libro de Borges

    d   Un artículo argumentativo

3 Lectura y comprensión

1 Has leído dos artículos que se refieren al tema de la literatura e Internet y ahora vas a compararlos. Marca los aspectos que corresponden a cada uno de los artículos, como en el ejemplo.

Aspectos	Artículo ¿Borges fue precursor de Internet?	Artículo De cómo Borges adivinó Internet y otras fabulaciones
Ejemplo: sostiene que Borges anticipó Internet	✓	✓
a hace referencia a varios escritores		
b habla solamente de Borges		
c toma como punto de partida un libro escrito sobre Borges		
d se centra en un cuento de Borges		
e se centra en tres cuentos de Borges		
f destaca fundamentalmente la cualidad de "infinito" o "total"		
g reclama una actitud determinada a los lectores de Borges		

2 Como conclusión responde la siguiente pregunta: ¿qué forma de tratar el tema te interesó más y por qué? Escribe en tu cuaderno un breve fragmento (100-150 palabras) para expresar tu punto de vista.

Recuerda incluir argumentos razonados que sirvan como fundamento de tu opinión.

4 Gramática en contexto

1   Aquí tienes la historia personal de un naufragio. Léela detenidamente.

¡Soy un náufrago!

Hace alrededor de un día, el viaje de aventuras que había planeado con mis amigos se transformó en pesadilla. Salimos a cruzar unos saltos en medio de la selva con un bote especialmente preparado y pensamos que volveríamos en uno o dos días. Como soy periodista, salí a correr la aventura con mi computadora a cuestas y con varios cargadores de repuesto… Nunca pensé que la tecnología se convertiría en mi única posibilidad de supervivencia.

La corriente dio la vuelta a nuestro bote y la fuerza del agua nos arrastró. Creí que no iba a tener salvación y lo que más me angustió fue perder de vista a mis amigos. Solo se escuchaban nuestros gritos en medio de los remolinos de agua… Y de pronto, nada, solo el ruido del agua. Veía la costa, que no estaba lejos, pero la corriente era muy fuerte y no me sentía capaz de nadar hasta la orilla. Sé que grité llamando a mis amigos y no tuve respuesta; si no aprovechaba mis últimas fuerzas, no sobreviviría. Apreté fuerte la mochila que había colgado a mi espalda y nadé… No sé por cuánto tiempo… Sé que de pronto sentí arena bajo mis pies y caminé. Debo de haberme desmayado, porque cuando desperté estaba en esta isla. No debo de estar lejos del continente, pero la he recorrido y no veo a nadie.

Increíblemente, mi computadora ha sobrevivido al naufragio y estoy intentando captar una señal que me abra la comunicación con el mundo… He escrito varios mensajes, pero no puedo enviarlos. No puedo convencerme de que estoy solo aquí. No tengo hambre, pero sí tengo mucha sed y he tomado jugo de algunas de las frutas que me rodean…

Me queda poca batería… Voy a hacer un último intento… Ahora veo algo de señal… Necesito enviar este mensaje… Estoy a punto de hacer el último clic…

2 Clasifica los usos de los tiempos verbales que aparecen en ese texto, teniendo en cuenta la siguiente tabla. Tienes un ejemplo de cada uso. Elige las formas verbales que te resulten más significativas.

Ejemplos tomados del relato *¡Soy un náufrago!*

Momento desde el que se cuenta la historia. Expresión de comentarios y sentimientos	Tiempo eje	Acciones pasadas inmediatas, con consecuencias presentes	Descripciones en pasado	Retrospecciones	Anticipaciones
Presente	Pretérito Perfecto Simple (o Indefinido)	Pretérito Perfecto Compuesto	Pretérito Imperfecto	Pretérito Pluscuamperfecto	Futuro (si se anticipa desde el presente) Condicional (si se anticipa desde el pasado)
Ejemplos: *soy periodista*	*se transformó en pesadilla*	*mi computadora ha sobrevivido al naufragio*	*Solo se escuchaban nuestros gritos en medio de los remolinos de agua*	*el viaje de aventuras que había planeado con mis amigos*	*... volveríamos en uno o dos días*

5 Escritura

1 Lee los siguientes fragmentos del cuento de Borges *El libro de arena* y completa los espacios entre los fragmentos para crear una historia.

> *La línea consta de un número infinito de puntos; el plano, de un número infinito de líneas; el volumen, de un número infinito de planos; el hipervolumen, de un número infinito de volúmenes...*

a ....

> *Yo vivo solo, en un cuarto piso de la calle Belgrano. Hará unos meses, al atardecer, oí un golpe en la puerta.*

b ....

> *[...] El número de páginas de este libro es exactamente infinito. Ninguna es la primera; ninguna, la última.*

c ....

> *–Si el espacio es infinito, estamos en cualquier punto del espacio. Si el tiempo es infinito, estamos en cualquier punto del tiempo.*

d ....

Recuerda que el texto debe conservar sus características narrativas: tienes que contar algo que tenga principio, desarrollo y final.

2 Ahora lee el argumento del cuento *El libro de arena*.

El narrador del cuento recibe de manos de un extraño vendedor un libro sorprendente: como la arena, "el libro no tiene ni principio ni fin". Es imposible encontrar continuidad entre sus páginas, así como llegar a la primera o a la última página del libro.

Maravillado, el narrador decide guardar el libro, pero se obsesiona con él y no puede dejar de estudiarlo. Finalmente llega a la conclusión de que no podrá descifrar la clave del libro, de que ambos, él y el libro, son monstruosos, y decide esconderlo en medio de los innumerables estantes de la Biblioteca Nacional.

El que cuenta el cuento en primera persona es otro yo del propio Borges, lo que proporciona una base de realidad tan sorprendente como la cualidad que aporta el libro mágico a toda la historia.

3 Compara el argumento original del cuento de Borges con la historia que tú propusiste en el ejercicio 1.

Completa el siguiente cuadro para señalar aspectos en común y aspectos diferentes entre ambas versiones.

Aspectos en común	Aspectos diferentes
	En *El libro de arena*:
....	....
....	....
....	....

3

Ingenio humano

4 a Entre los escritores que proponen aventuras, en un pasaje Manuel Gimeno menciona a Daniel Defoe y a su famoso Robinson Crusoe. ¿Conoces la historia de este personaje? Recuerda su argumento o búscalo en Internet.

b Ahora imagina que tú eres un náufrago. Escribe en tu cuaderno la historia de tu supervivencia y tus intentos de comunicación desde la isla en la que te encuentras (escribe 250-300 palabras). Nuevamente ten en cuenta las características del texto narrativo:

• Relato con introducción, desarrollo y final.

• Perspectiva personal en este caso: escribe en primera persona.

c Analiza la función y el significado de las formas verbales que has usado en este texto y rellena la siguiente tabla.

Momento desde el que se cuenta la historia. Expresión de comentarios y sentimientos	Tiempo eje	Acciones pasadas inmediatas, con consecuencias presentes	Descripciones en pasado	Retrospecciones	Anticipaciones
Presente	Pretérito Perfecto Simple (o Indefinido)	Pretérito Perfecto Compuesto	Pretérito Imperfecto	Pretérito Pluscuamperfecto	Futuro (si se anticipa desde el presente) Condicional (si se anticipa desde el pasado)

3.3 Ética, ciencia y tecnología

1 Lectura y comprensión

Lee el texto *Ética para robots* y realiza las actividades a continuación.

1 El desarrollo de robots y máquinas cada día más complejos hace inevitable la pregunta: ¿deberíamos implementar una ética para robots?

2 La ficción es una inspiración para la vida. La ciencia ficción lo es para la ciencia. Gran parte de los avances que vemos y veremos han sido precedidos por las visiones de los escritores. Un ejemplo notable son las tres leyes de la robótica de Isaac Asimov, formuladas en 1942:

- un robot no puede hacer daño a un humano;

- un robot obedecerá las órdenes humanas, a menos que estas contradigan la primera ley;

- un robot protegerá su propia existencia excepto si esto entra en conflicto con la primera y segunda ley.

3 Resulta curioso lo visionario y a la vez ingenuo que termina siendo Asimov. En un sentido, ya anticipaba los robots autónomos, cosa que ahora empezamos a ver. Es ingenuo porque los robots, que estamos empezando a fabricar, están en buena medida diseñados para matar.

4 Cada día se diseñan y construyen nuevos robots. Pulgas que graban, arañas espías, trenes sin conductor. El vehículo autónomo está a punto de invadir nuestras calles.

5 El punto de inflexión es el momento en que estas máquinas sean autónomas. Un ejemplo de ello es el coche autónomo. Ningún humano lo supervisará. Incluso diseñados para matar, los robots pueden tener alguna ventaja: no sienten odio ni deseo de venganza, no cometen violaciones de los derechos humanos, no toman decisiones en caliente.

6 En la vida te planteas permanentemente problemas éticos. También cuando conduces, aunque la reacción sea automática. Un niño se cruza: ¿freno? Un perro se cruza: ¿freno? Si freno, pongo en riesgo la vida de mi familia, que me acompaña. O la de los ocupantes del coche de al lado. ¿Cuál es la opción moral adecuada? Si desarrollamos un coche autónomo, ¿debería tener moral? Y cualquier otro robot autónomo ¿debería llevar implantado un módulo moral?

7 La moral humana es un complicado campo en el que las reglas no están en absoluto claras. Esto se pone de manifiesto en los llamados "dilemas morales". Imagina que un tren avanza hacia un grupo de personas que morirán aplastadas por él. Tú puedes cambiar el curso de los acontecimientos. Si aprietas un botón, el tren cambiará de vía y aplastará a una única persona que está en la nueva vía, de forma que salvarías a cinco, pero una moriría. ¿Lo harías? Ahora imagina que las mismas personas están amenazadas, pero a tu lado se encuentra un individuo desagradable, sucio y con aspecto ebrio. Si lo empujas a la vía, morirá atropellado, el maquinista parará el tren y las otras cinco personas se salvarán. ¿Lo empujarías? La mayoría de las personas responden que sí apretarían el botón, causando la muerte de una persona para salvar a otras cinco. La mayoría responde que no empujaría al individuo desagradable, salvándolo y causando la muerte de los cinco. Una explicación consiste en que en el primer caso manipulas un botón, algo sin vida, y en el segundo caso manipulas directamente a una persona.

8 Para implantar un modelo en un ordenador tienes que tener claro el modelo. Para implantar ética en un robot, tienes que tener clara la ética. Miles de leyes han sido necesarias para la convivencia humana porque unas simples reglas éticas no sirven. ¿Cómo implementar en los robots algo que no está claro en los humanos?

hipertextual.com (texto adaptado)

3

1 Basándote en los párrafos 2 y 3, responde las siguientes preguntas con palabras tomadas del texto.

    a ¿Por qué el autor del artículo de opinión dice que Asimov es un visionario?

    ....

    b ¿Y por qué dice que Asimov es ingenuo?

    ....

    c ¿Cuál de las tres reglas de Asimov se contrapone con lo que está sucediendo en la actualidad?

    ....

2 De las frases *a* a *h*, elige las tres que sean verdaderas de acuerdo con los párrafos 4 a 8 del texto. Escribe las letras correspondientes en las casillas.

Ejemplo: [a]

    a *Los robots tienen ventajas con respecto a los humanos porque están desprovistos de emociones.*

    b En algún período de tu vida deberás resolver problemas éticos.

    c Si tienes que resolver un problema moral es porque las reglas están claras.

    d Los problemas éticos se presentan en todo momento durante la vida de un individuo.

    e Las reglas claras son imprescindibles para organizar la conducta humana.

    f En las guerras, los seres humanos tienen conductas más apropiadas que los robots autónomos.

    g El comportamiento humano está regulado por una gran cantidad de leyes éticas.

    h Si implantas un modelo ético en los robots, necesitas contar con algunas reglas morales.

2 Vocabulario

1 Encuentra las palabras o expresiones que signifiquen lo siguiente:

Ejemplo: género literario o cinematográfico cuyo contenido se basa en logros científicos y tecnológicos imaginarios (párrafo 2)

ciencia ficción ....

    a hecho que de repente hace que todo cambie (párrafo 5)

    ....

    b libertades, reivindicaciones y facultades propias de cada individuo por el solo hecho de pertenecer a la raza humana (párrafo 5)

    ....

    c forma en que alguien se comporta ante un determinado estímulo (párrafo 6)

    ....

    d problemas en los que cualquier decisión que se tome para evitar un mal genera a su vez otros males (párrafo 7)

    ....

3 Gramática en contexto

PARA USAR CORRECTAMENTE LA LENGUA

Las oraciones complejas coordinadas

Recuerda lo siguiente:

- La oración compuesta o compleja puede estar formada por dos o más oraciones simples.

- Las oraciones simples están formadas por un sujeto y un predicado (verbo conjugado).

- Las oraciones complejas pueden estar unidas por yuxtaposición y / o por coordinación.

La yuxtaposición:

Indica la unión de dos o más elementos por medio de signos ortográficos como la coma (",") o el punto y coma (";").

Ejemplo:

[*La ciencia investiga las cosas u objetos*], [*la técnica hace uso de la ciencia para crear nuevos productos*].

Atención:

Cuando una oración compleja tiene más de dos oraciones simples, se suele utilizar punto y coma (;) en lugar de coma (,).

Ejemplo:

[*La ciencia investiga las cosas u objetos*]; [*la técnica hace uso de la ciencia para crear nuevos productos*]; [*la ética analiza los problemas morales vinculados con el desarrollo científico y tecnológico*].

La coordinación:

Hay distintos tipos de conjunciones coordinantes. Entre ellas, las más comunes son las siguientes:

Las que indican suma: *Y, E, NI*

Las que indican oposición: *PERO, SINO, SIN EMBARGO*

Las que indican exclusión: *O, U*

Atención:

NI coordina oraciones negativas.

Y se reemplaza por *E* cuando la palabra que sigue comienza por *I*.

O se reemplaza por *U* cuando la palabra que sigue comienza por *O*.

Ejemplos:

[*El científico estudia las leyes físicas*] e [*investiga los procesos biológicos*].

[*Un coche autónomo complica la conducción en las calles de la ciudad*] u [*ordena el tránsito*].

Ingenio humano

1 A continuación encontrarás una serie de oraciones simples. Deberás convertirlas en oraciones complejas, utilizando los elementos que correspondan (yuxtaposición y coordinación).

Ejemplo:

• *La ficción es una inspiración para la vida.*

• *La ciencia ficción es una inspiración para la ciencia.*

[*La ficción es una inspiración para la vida*] *y* [*la ciencia ficción es una inspiración para la ciencia*].

Los robots…

a1 No sienten odio.

a2 No tienen deseo de venganza.

a3 No cometen violaciones de los derechos humanos.

a4 No toman decisiones en caliente.

....

....

La mayoría de las personas…

b1 Apretarían un botón para salvar a cinco personas.

b2 No empujarían a un individuo a las vías para salvar a esas cinco personas.

....

....

c1 En el primer caso, manipulas un botón.

c2 En el segundo caso, manipulas a una persona.

....

....

Si un animal cruza la calle mientras conduces…

d1 Debes decidir si lo atropellas.

d2 Debes decidir si pones en peligro la vida de los que te acompañan.

d3 Debes decidir si pones en peligro a los ocupantes del coche de al lado.

....

....

2 Completa los espacios en blanco del texto con los signos o las palabras de la siguiente lista.

, / ; / e / ni / pero / sin embargo / u / y

La computadora del robot tuvo un desperfecto .... *y* .... uno de sus circuitos falló. El robot no supo dónde dirigirse .... qué dirección tomar. Avanzó dos pasos .... giró despacio hacia la derecha .... se detuvo. Parecía una persona trastornada, ... no era una persona. Había sido programado para escuchar toda clase de ruidos .... oír en medio del silencio .... para distinguir .... imitar las voces de los humanos, ... no para solucionar los problemas de sus propios circuitos.

---

4 Escritura

Ética para robots es una columna de opinión. En ella, el autor explica, analiza y juzga un tema de especial interés para la sociedad del siglo XXI.

1 Compara este texto con el editorial *Ética, ciencia y tecnología* (en la página 141 del Libro del Alumno) y establece algunas similitudes y diferencias entre ambos artículos de opinión. Antes de completar el siguiente cuadro, revisa la Unidad 6.11 (Textos mediáticos: la columna de opinión y el editorial periodístico) del Libro del Alumno.

Texto	*Ética, ciencia y tecnología*	*Ética para robots*
Enfoque		
Tono		
Pronombre personal		
Registro		

Atención: un artículo de opinión, aunque trate temas serios e importantes, también puede estar escrito en otras personas gramaticales que no sean la tercera del singular y en un registro informal en lugar de formal. Todo depende de quiénes sean los receptores. Por ejemplo, si escribes un artículo de opinión para la revista de tu colegio, puedes usar con seguridad la segunda persona del singular o la primera del plural (si incluyes a tus lectores).

En un periódico o en un blog con estructura formal, seguramente la persona gramatical empleada será la tercera del singular.

Observa: el autor de *Ética para robots* utilizó la primera persona del plural (*deberíamos, vemos, veremos, empezamos…*) para que los lectores se sientan incluidos en lo que plantea y, luego, a partir del párrafo 6, utiliza la segunda persona del singular (*tú: planteas, conduces, puedes…*), para que el lector se sienta **directamente involucrado** o implicado en los dilemas que el autor plantea.

2 Elige **uno** de los dos dilemas morales que el autor de *Ética para robots* plantea en los párrafos 6 y 7 y escribe en tu cuaderno un artículo de opinión de 250 palabras. Escoge entre una de las siguientes opciones:

a Una columna de opinión para ser publicada en la revista de tu colegio.

b Un editorial para ser publicado en el periódico de tu ciudad.

No olvides lo siguiente:

- Poner un título.

- Elegir el enfoque, la persona gramatical y el registro que tendrá el texto elegido.

- Hacer una exposición ordenada, con un desarrollo lógico y un cierre que exprese la opinión de manera clara, para que pueda ser comprendida por el lector.

- Utilizar algunas oraciones complejas (yuxtapuestas y coordinadas).

Nivel Superior

3 Selecciona una de las dos opciones del ejercicio 2 y escribe en tu cuaderno entre 350 y 400 palabras.

3.4 Una manera creativa de ver el mundo

1 Vocabulario

Mis palabras

1 Escribe las cinco primeras palabras, relacionadas con el tema de la fotografía, que se te ocurran.

2 Escribe las definiciones que puedas dar de ellas sin mirar en ningún diccionario.

3 Busca tus cinco palabras en el diccionario y compara las definiciones que has dado tú con las que aparecen en el diccionario.

4 Anota las diferencias.

Mis palabras

1 ....

2 ....

3 ....

4 ....

5 ....

Definiciones propias	Definiciones del diccionario
Ejemplo: *Imagen: elemento visual que se reproduce en una fotografía*	*Reproducción de la figura de un objeto por la combinación de los rayos de luz que proceden de él* *Diferencia: esta definición explica el proceso*

Los opuestos

5 Vuelve a leer el siguiente fragmento del cuento *El mal fotógrafo*.

> ¿Es posible que el autor de las fotografías sea otro? No lo creo. La <u>torpeza</u>, el <u>desapego</u>, la <u>atención vacilante</u> son una firma clara.
>
> De mi padre sabemos <u>lo peor</u>: huyó; fuimos la molestia que quiso evitarse. Las fotos confirman su <u>dificultad</u> para vernos. Curiosamente, también muestran que lo intentó. Con la obstinación del <u>mediocre</u>, reiteró su <u>fracaso</u> sin que eso llegara a ser dramático. Nunca supimos que sufriera. Ni siquiera supimos que fotografiaba.
>
> Hubo un tiempo en que vivimos con un fotógrafo invisible. Nos espiaba sin que ganáramos color. Que alguien <u>incapaz</u> de enfocar nos mirara así revela un esfuerzo peculiar, una forma secreta del tesón. Mi padre buscaba algo extraviado o que nunca estuvo ahí. No dio con su objetivo, pero no dejó de recargar la cámara. Sus ojos, que no estaban hechos para vernos, querían vernos.
>
> Las fotos, <u>desastrosas</u>, <u>inservibles</u>, fueron tomadas por un <u>inepto</u> que insistía.
>
> Juan Villoro, *El mal fotógrafo* (2009), www.cervantesvirtual.com

6 Las palabras o expresiones que aparecen en la columna de la izquierda están subrayadas en el texto y tienen un significado negativo. Escribe su opuesto en la columna de la derecha.

Significado negativo	Opuesto
torpeza	
desapego	
(atención) vacilante	
lo peor	
dificultad	
mediocre	
fracaso	
incapaz	
desastrosas	
inservibles	
inepto	

2 Lectura y comprensión

Vuelve a leer el texto *¿Qué es la poesía visual?* en la página 152 del Libro del Alumno, y responde las siguientes preguntas:

1 ¿Qué objeto del mundo que los rodeaba llamó especialmente la atención de los futuristas?

....

2 ¿Qué concepción de la palabra determina que para los futuristas sea fundamental la noción de espacio?

....

3 Elige la opción correcta:

a La poesía visual rechaza…

    i la incorporación de palabras tradicionales.

    ii el uso de objetos tomados del ambiente.

    iii la incorporación de técnicas electrónicas.

    iv la distribución convencional de la escritura.

b Según lo que dice el texto, Pablo Picasso…

    i fue un representante del movimiento futurista.

    ii escribió poesía electrónica.

    iii utilizó la técnica del *collage*.

    iv fue un poeta muy reconocido.

3 Escritura

1 Imagina un encuentro entre el narrador del cuento *El mal fotógrafo* y su padre muchos años después de que el padre se fuera. Reconstruye en tu cuaderno el diálogo entre ellos (200–250 palabras).

Recuerda respetar los aspectos relevantes de la comunicación.

Participantes: ¿quién habla?; ¿a quién le habla?	
Finalidad u objetivo: ¿para qué habla?	
Mensaje: ¿qué dice?	
Tono: ¿cómo lo dice?	
Canal: ¿qué herramienta usa para transmitir el mensaje?	
Tema: ¿de qué hablan?	

3

2 Imagina que el padre del narrador, en lugar de ser un mal fotógrafo, es un excelente fotógrafo. Escribe en tu cuaderno un blog personal en el que cuentes las impresiones que has vivido al encontrar las fotografías que dejó tu padre (150-200 palabras).

Recuerda respetar las características del blog personal:

• Título

• Redacción en 1ª persona

• Conciencia del lector, por ejemplo, dirigiéndote a este de forma directa

• Registro coherente, generalmente informal

3 Busca en Internet un poema visual que te interese y escribe en tu cuaderno una reseña sobre él, teniendo en cuenta todos sus aspectos característicos (100-150 palabras).

Recuerda incluir:

• Título (con subtítulos opcionales)

• Autor

• Descripción relativamente **objetiva** más juicio **subjetivo** del autor

• Registro formal

4 Gramática en contexto

1 Los siguientes pronombres están extraídos del texto *¿Qué es la poesía visual?* Completa el cuadro, como en el ejemplo.

En las expresiones…	la palabra…	se refiere a…
Ejemplo: … *que propone el futurismo…* *(línea 1)*	*que*	*la concepción artística*
a … que intentó crear… (línea 2)	*que*	
b … en la que se integran… (línea 10)	*la que*	
c … otros están construidos… (línea 12)	*otros*	
d … entre los que sobresalió… (líneas 14 y 15)	*los que*	
e … que usamos de manera permanente… (línea 21)	*que*	

2 El texto que vas a leer a continuación contiene una descripción de una exposición. Léelo detenidamente y complétalo con los pronombres que faltan en cada espacio.

Red Itiner

Los orígenes del cine

La Comunidad de Madrid, a través de su Red de Exposiciones Itinerantes, Red Itiner, está acercando a diferentes municipios de Madrid la muestra *Los orígenes del cine*. Es una ocasión única para que los madrileños conozcan una parte de la colección reunida por el propietario de la colección y comisario de esta muestra, Carlos Jiménez.

Todas las obras incluidas en la exposición son **piezas** originales ....*que*........... documentan la evolución técnica y científica .... se ha producido en el campo cinematográfico: desde los primeros artilugios, basados en la sucesión de imágenes fijas, hasta los proyectores de cine tal como se conocen en la actualidad.

Los espectáculos de sombras javanesas, las esferas perforadas chinas o los espejos mágicos japoneses realmente no pueden considerarse formas predecesoras del cine, pero sí muestran la inquietud del hombre por la representación o proyección de imágenes, con movimiento o sin .... La etapa precinematográfica, o "prehistoria" del cine, comienza en 1640 con la publicación de la obra del jesuita alemán Athanasius Kircher, en .... por primera vez, se especifica el funcionamiento de una linterna mágica. Posteriormente, prestigiosos físicos como Isaac Newton, Michael Faraday o Joseph Plateau publicaron sus descubrimientos, y aparecieron una serie de juguetes ópticos, todos .... basados en la persistencia de la visión, ... comenzaban a mostrar incipientes imágenes animadas.

En esta muestra se presentan al público madrileño piezas .... ayudan a comprender los inicios del cine, la citada etapa aún precinematográfica, y las diferentes soluciones técnicas .... los inventores fueron aportando sucesivamente hasta llegar al cinematógrafo. En su montaje encontramos distintas curiosidades de los siglos XIX y XX, como por ejemplo la linterna mágica Pettibone, de 1888; la rueda de Newton, de finales del XIX; o figuras para el teatro de sombras de la isla de Java.

www.mujeresycia.com (texto adaptado)

3 Completa la tabla con los pronombres que incluiste y marca en cada caso a qué palabra se refieren.

Pronombre	Referente
Ejemplo: que	*piezas*

4 Según las características que prevalecen, ¿este es un texto subjetivo u objetivo?

....

5 Agrega a estos sustantivos caracterizaciones subjetivas, como en el ejemplo.

Sustantivo	Cualidad subjetiva
Ejemplo: ocasión	*única*
colección	
exposición	
espectáculos	
piezas	
curiosidades	

6 Las descripciones del mundo de la fotografía que aparecen en la lista de abajo están tomadas de la audición que escuchaste en el ejercicio de comprensión auditiva. Destacan muchas de sus ventajas.

Imagina que eres muy pesimista y a cada una de ellas quieres encontrarle una objeción. Usa para ello alguno de los conectores apropiados.

Adversativos: *pero, sin embargo, no obstante*.

Disyuntivos: *o*

Concesivos: *aunque*

A continuación de la lista, tienes un ejemplo de cada caso:

a No tienes que cumplir horarios de oficina.

b Tienes la posibilidad de conocer gente.

c Puedes irte con tu cámara a fotografiar los lugares más escondidos de tu pueblo.

d Enfrentas desafíos.

e Te cambiará la visión del mundo.

f Haces algo que a la gente en general le gusta.

g Tienes el poder de moverte entre estilos y sectores diferentes.

h La cámara es una herramienta bonita y apasionante.

i Puedes llegar a ganar mucho dinero.

j Lo mejor de trabajar de fotógrafo es que trabajas con lo que te gusta.

Ejemplos:

- *No tienes que cumplir horarios de oficina, <u>pero</u> a veces tienes que trabajar los fines de semana.*

- *<u>Aunque</u> tienes la posibilidad de conocer gente, los contactos son siempre muy superficiales.*

- *Puedes llegar a ganar mucho dinero <u>o</u> a tener que pedir prestado porque ese mes trabajaste muy poco.*

a ....

b ....

c ....

d ....

e ....

f ....

g ....

h ....

i ....

j ....

5 Escritura

Dado que has visto desde diferentes perspectivas la profesión de un fotógrafo, busca una imagen representativa de un fotógrafo feliz y exitoso y otra de un fotógrafo frustrado.

1 Observa detenidamente las dos imágenes.

2 Establece una comparación entre ellas a partir de las siguientes preguntas.

   • ¿Quién aparece en cada imagen?

   • ¿Qué características tiene el personaje en cada una de las imágenes?

   • ¿Qué está haciendo?

   • ¿Hay similitudes o diferencias en su aspecto? ¿A qué crees que se deben estas características?

3 Redacta en tu cuaderno el texto de tus conclusiones como una presentación de esas imágenes para la clase.

   Recuerda incluir los siguientes aspectos:
   • Saludo inicial
   • Presencia de tus oyentes (dirígete a ellos y mantente en contacto permanente)
   • Fórmula de cierre
   • Recursos como preguntas, repeticiones o aspectos humorísticos
   • Registro adecuado: formal o informal, según la actitud que elijas

4 Organización social

4.1 Formas de organización política

---

1 Vocabulario

1 Lee el siguiente texto sobre los consejos del anterior rey de España a su hijo Felipe VI, el actual rey.

CARTAS AL REY DE SU PADRE

LOS CONSEJOS QUE DON JUAN CARLOS DIO A SU HIJO PARA SER UN PERFECTO REY

1 Diplomacia, cuestiones militares, constitucionales, anotaciones de simple sentido común y, por supuesto, consejos de padre. El oficio de rey en la monarquía española tiene características especiales. Es una lección que no se aprende ni en la universidad ni en los libros. Por eso don Juan Carlos fue enseñando de forma epistolar a su hijo. Don Juan Carlos trató desde los grandes temas hasta los mínimos matices: "A veces, son los pequeños detalles los que se proyectan de manera fundamental". Estos son algunos fragmentos significativos de las cartas.

2 **MIRA A LOS OJOS.** "Acostúmbrate a mirar siempre de cara a las personas, fijando tus ojos en los suyos, prestándoles atención y demostrando interés por su presencia, por lo que digan, por lo que hagan. En ocasiones, es más difícil saber escuchar lo que los demás nos cuentan que contarles algo amable o interesante.

3 No mires nunca con indiferencia, como si no vieras a la persona que tienes frente a ti. Y saluda en todas las circunstancias. Si juzgas que alguien, por ser inferior, no merece ser saludado, piensa que eres tú, al comportarte así, quien está poniendo de manifiesto una inferioridad".

José García Abad, *10 cartas con las que le enseñó el oficio*
en *El Mundo* (texto adaptado)

---

2 Busca en el texto (párrafo 1) los **sinónimos** de las siguientes palabras, como en el ejemplo.

Ejemplo:

apuntes   anotaciones ....

a   recomendaciones   ....

b   trabajo   ....

c   enseñanza   ....

d   primordial   ....

e   partes   ....

f   representativos   ....

3 Busca en el texto (párrafos 2 y 3) los **antónimos** de las siguientes palabras, como en el ejemplo.

Ejemplo:

nunca   siempre ....

a distracción   ....

b desinterés   ....

c ausencia   ....

d fácil   ....

e nada   ....

f desagradable   ....

g superior   ....

2 Lectura y comprensión

1 Lee la continuación del texto anterior sobre los consejos a Felipe VI para ser un perfecto rey. En el texto podrás observar que se han omitido algunos subtítulos.

[VENTAJAS]

"Estás llamado a los más altos destinos; tienes la admiración y la consideración de innumerables personas. Las personas que te rodean te respetan, te obedecen y están dispuestas a complacer tus deseos. Y aunque todos estos privilegios tienen también la contrapartida de que te es difícil pasar desapercibido, de que en ti se fije la general atención y de que hayas de ser objeto de una vigilancia puntual del servicio de seguridad, no puedes dejar de darte cuenta de que la vida te ofrece más ventajas que inconvenientes y más satisfacciones que sinsabores".

[SUBTÍTULO II]

"El rey no puede inclinarse decididamente por una opción política determinada ni poner de manifiesto jamás sus simpatías, sus preferencias o sus antipatías o repulsas. El rey ha de estar con todos los partidos políticos en general y con ninguno en particular, si bien ha de colaborar lealmente con el que en cada momento se encuentre en el poder como consecuencia de unas elecciones libres y acordes con la ley".

[SUBTÍTULO III]

"Aficiónate al conocimiento de la historia, de la que formas parte tan destacada, para obtener de ella las lecciones y experiencias que te van a ser de tanta utilidad. Interésate por la biografía de tus antepasados y de los grandes hombres para deducir sus cualidades positivas y negativas. Sigue las primeras y huye de las segundas, porque todo tu afán y tu interés ha de centrarse en desempeñar dignamente el papel y la misión que te corresponden".

José García Abad, *10 cartas con las que le enseñó el oficio* en *El Mundo* (texto adaptado)

[SUBTÍTULO IV]

"Es preciso mantener un comportamiento adecuado, sin mostrarse severo y malhumorado al responder a lo que puedan preguntarte, ni excesivamente franco, con la posibilidad de caer en la improvisación no medida o en la indiscreción perjudicial. [...] Hay que acostumbrarse a dominar los impulsos y sujetar las ideas, para que no se nos escapen de manera intempestiva y peligrosa".

[SUBTÍTULO V]

"No abuses nunca de lo que el país pone a tu disposición y piensa que eres un caso excepcional y que has de agradecer también excepcionalmente lo que se te proporciona. Utilízalo con modestia y sin ostentación".

2 En el texto faltan los **subtítulos**. Relaciona cada sección con el subtítulo más adecuado y escríbelo en la casilla correspondiente. Presta atención, ya que hay más subtítulos de los necesarios.

Ejemplo:

SUBTÍTULO I	c	**a**	Conocimiento del pasado
SUBTÍTULO II		**b**	Costumbres
SUBTÍTULO III		**c**	*Ventajas*
SUBTÍTULO IV		**d**	Austeridad
SUBTÍTULO V		**e**	Juicio popular
		f	Imparcialidad
		g	Ocio
		h	Equilibrio
		i	Mostrar interés
		j	Inconvenientes

3 Lee a continuación el final del texto sobre los consejos al rey Felipe VI de su padre para ser un buen rey.

REY DE MÍNIMOS. "Si la soberanía reside en el pueblo, ya no es el rey quien puede por sí solo disponer y gobernar a su libre albedrío, sino que se convierte en un servidor más —si bien muy elevado— de ese pueblo al que en estos tiempos se ha traspasado aquella soberanía".

LA DEMOCRACIA. "Es conveniente que tú, a quien corresponden funciones fundamentales —y no siempre escritas ni claramente definidas—, te compenetres bien con estos conceptos, para que obtengas un buen aprendizaje y reconozcas la necesidad de que tus conocimientos te permitan tener una participación importante en la actividad política del país.

Una participación que ha de estar por encima de opciones políticas determinadas, de partidos y de grupos, pero que debe tener en cuenta todos los que existan en cada momento para apoyarlos en sus justos términos, pues su conjunto armonizado, matizado y acertadamente valorado constituye el sentimiento general del país. Y ese es el verdadero contenido de la democracia".

> VÍNCULO MILITAR. "La relación que se adquiere en las academias militares perdura a través de los años y supone el vínculo más fuerte que puede imaginarse entre quienes comparten la profesión de las armas. [...] La lealtad a tus compañeros, a tus jefes y a tus inferiores; la sinceridad y la verdad; el convencimiento de la alta misión que corresponde a las Fuerzas Armadas como defensoras de la unidad de España y del orden constitucional".
>
> José García Abad, *10 cartas con las que le enseñó el oficio* en *El Mundo* (texto adaptado)

4   Señala si las siguientes afirmaciones son verdaderas (**V**) o falsas (**F**) y justifica tu respuesta con palabras del texto.

	V	F

Ejemplo:

El pueblo es quien elige el Gobierno, no el rey.   ✓   ☐

Justificación: la soberanía reside en el pueblo, ya no es el rey quien puede por sí solo disponer y gobernar a su libre albedrío

a   Las competencias destinadas al futuro rey están bien delimitadas y no siempre lo están por escrito.   ☐   ☐

   Justificación: ....

b   No deberá implicarse totalmente en la política del país.   ☐   ☐

   Justificación: ....

c   Guardará fidelidad a toda clase de personas que compartan con él la academia militar.   ☐   ☐

   Justificación: ....

3 Gramática en contexto

Presente de Subjuntivo

1   Escribe los verbos de las siguientes frases en *Presente* de *Subjuntivo*.

   Ejemplo: Muestra interés por lo que (decir) .....digan..... *las personas.*

   a   Presta atención a lo que (hacer) .... la gente de tu entorno.

   b   Estos privilegios tienen la contrapartida de que el futuro rey (haber) .... de ser objeto de una vigilancia inusual.

   c   El rey ha de colaborar con el partido que en cada momento (encontrarse) .... en el poder.

   d   El rey se convierte en un servidor más del Gobierno, aunque (ser) .... muy elevado.

4

e   Es conveniente que te (aprender) .... bien estos conceptos para que (obtener) .... un buen aprendizaje y (reconocer) .... su importancia.

f   Es preciso guardar el equilibrio adecuado para responder a lo que (poder) .... preguntarte.

g   Hay que acostumbrarse a dominar los impulsos para que no se nos (escapar) .... de manera intempestiva.

h   No (abusar) .... nunca de lo que el país pone a tu disposición.

i   No (mirar) .... nunca con indiferencia.

Los conectores

2   Lee el texto y rellena cada espacio con el conector más adecuado del recuadro, como en el ejemplo. Presta atención, porque hay más conectores de los necesarios.

así	aunque	como	pero	porque	sin	sin embargo	*sino*	y

El rey de España ahora no es Juan Carlos I, [*sino*] su hijo Felipe VI, [A] .... este lleva poco tiempo en el trono. La monarquía española ha tenido históricamente bastantes problemas, [B] .... el anterior monarca, Juan Carlos I, consiguió, con mucha habilidad y fino olfato, justificar [C] .... dar contenido a una institución que se restauró en España de forma un tanto excepcional.

El padre ha transmitido a su hijo su experiencia. [D] .... , hay cosas intransmisibles, [E] .... el carisma y el cariño del pueblo. Mucho dependerá ahora del buen hacer de Felipe VI.

3   Mira con atención las siguientes palabras sin acentuar y colócales la tilde en la sílaba correspondiente. Entre ellas hay **seis** que son **esdrújulas**, aparte del ejemplo. Localízalas y escríbelas abajo.

ambito	España	historiadores	padre	simbolica	util
cartas	exito	institucion	politico	tesoro	
escandalo	heredero	militar	*príncipe*	ultimo	

Ejemplo: príncipe ....

a   ....

b   ....

c   ....

d   ....

e   ....

f   ....

4.2 Adolescentes, una nueva generación

1 Lectura y comprensión

1 Lee el siguiente texto sobre los adolescentes y la rebeldía.

Rebeldía en la adolescencia

La rebeldía en la adolescencia es causada por los numerosos cambios físicos y endocrinos que experimentan los adolescentes, algunos de los cuales influyen negativamente sobre su autoestima y bienestar psicológico. En esta etapa los factores neurobiológicos van a cobrar especial relevancia, aunque no serán los únicos.

La rebeldía, debido a los conflictos familiares que conlleva, es una de las conductas que se perciben con mayor facilidad, y la que recibe mayor atención. Aunque parezca difícil tratar con un adolescente que muestra un comportamiento desafiante, curiosamente, esta actitud también supone beneficios futuros. El hecho de que un adolescente se rebele le ayudará a convertirse en un adulto que defiende sus ideas y sus derechos. Por otro lado, encontramos que adolescentes sumisos no desarrollarán estas habilidades y llegarán a ser adultos igualmente sumisos.

Por María José González

www.lifeder.com (texto adaptado)

2 Contesta las siguientes preguntas, basándote en el texto anterior sobre la rebeldía en los adolescentes.

a ¿Cuál es el origen de la rebeldía en los adolescentes?

....

b ¿Qué tipo de consecuencias pueden tener estos cambios biológicos en los adolescentes?

....

c ¿Dónde suelen reflejarse con más frecuencia los efectos de la rebeldía en estos jóvenes?

....

d ¿Cuál suele ser la actitud del adolescente rebelde?

....

e ¿Qué efecto positivo puede tener la rebeldía?

....

3 Lee la continuación del texto sobre los adolescentes y la rebeldía.

Causas de la rebeldía en la adolescencia

A continuación exponemos algunas causas que llevan al adolescente a comportarse de manera agresiva o rebelde.

Factores neurobiológicos y psicológicos

Son muchos los cambios biológicos que atraviesa un adolescente, provocando que este se muestre irascible, triste o agresivo. Por ejemplo, es común entre las adolescentes que manifiesten desagrado por los cambios corporales como el ensanchamiento de las caderas o el desarrollo de vello en piernas y axilas. A los chicos suele afectarles más el cambio de altura que están atravesando, lo que les hace percibirse como torpes en deportes en los que antes destacaban. A estos cambios biológicos se les suma un periodo de inestabilidad psicológica que dificultará su interacción familiar, social y escolar. Entre los mayores desafíos, se encuentra una crisis de identidad a la que tienen que hacer frente, tras la cual tendrán un mayor conocimiento de sí mismos y una personalidad más estable.

Desapego parental

En esta fase, en la que los niños comienzan a entrar en la etapa de la adolescencia, dejan a un lado a sus padres como figuras de apego principales, y comienzan a estrechar las relaciones con sus amigos y compañeros de clase. Esto se debe a que están intentando llevar a cabo un distanciamiento parental. Crear una identidad propia es uno de los retos de esta etapa.

Relaciones inadecuadas con compañeros

En esta época, en la que cobran especial relevancia las relaciones sociales, un adolescente experimentará una gran tristeza y abatimiento ante unas relaciones sociales insatisfactorias —tanto con amigos como con parejas sentimentales—. Todos los cambios que se produzcan en esta etapa se vivirán con una intensidad mucho mayor. Por ejemplo, un cambio de residencia, una ruptura en una relación de pareja, un conflicto con algún amigo, etc., pueden provocar una mezcla de sentimientos difusos que el adolescente no sabe manejar. Además, el hecho de no tener buenas relaciones en el ámbito escolar —si es víctima de acoso escolar, por ejemplo— puede provocar una inadaptación en muchos ámbitos de su vida. Esta situación se agrava cuando los jóvenes no quieren compartir sus problemas con sus padres ni amigos, por temor a sus compañeros.

www.lifeder.com (texto adaptado)

4 Señala si las siguientes afirmaciones son verdaderas (**V**) o falsas (**F**) y justifica tu respuesta con palabras del texto, basándote en el apartado "Factores neurobiológicos y psicológicos".

	V	F

a A las chicas adolescentes les gusta el aumento de sus caderas.

Justificación: ....

....

b A medida que van creciendo, los chicos van mejorando en la práctica de deportes.

Justificación: ....

....

c La rebeldía suele ser el reflejo de su falta de estabilidad interna.

Justificación: ....

....

d El gran reto por superar entre los adolescentes es el desconcierto
sobre sí mismos.

□ □

Justificación: ....

....

5 Basándote en los apartados "Desapego parental" y "Relaciones inadecuadas con compañeros", elige la opción correcta para completar las siguientes afirmaciones:

a Los adolescentes suelen alejarse un poco de... □
  i los amigos.
  ii los compañeros de clase.
  iii la familia.
  iv las relaciones amorosas.

b Los adolescentes podrían deprimirse por... □
  i no rebelarse.
  ii discutir con sus padres.
  iii su cambio físico.
  iv carecer de amigos.

c Cuando un adolescente con problemas sociales en el colegio no los cuenta es por... □
  i miedo.
  ii vergüenza.
  iii ser un fracaso.
  iv orgullo.

2 Gramática en contexto

1 En el siguiente fragmento del texto faltan algunas preposiciones. Selecciona las preposiciones del siguiente cuadro y escríbelas en los espacios correspondientes.

a	de	en	entre	para	*por*

La conducta de rebeldía adolescente va asociada en muchos casos
[A] ......*a*........ manifestaciones de agresividad. Numerosos estudios han
tratado de encontrar una relación **[B]** .... la violencia percibida
[C] .... medios de comunicación y la violencia manifestada
[D] .... la población infantojuvenil. Aunque no se trata de una relación
muy clara, sí que se han encontrado indicadores de que la exposición a actos
[E] .... violencia fomenta que los adolescentes se comporten de este
modo. La población infantojuvenil presentará un comportamiento agresivo
cuando perciba que esto aporta algún tipo de beneficio **[F]** .... ellos
mismos. Por ejemplo, los chicos que consiguen la aprobación de los demás
comportándose de forma agresiva tenderán a perpetuar esta conducta.

www.lifeder.com (texto adaptado)

3 Vocabulario

1 Lee los siguientes consejos destinados a los padres para ayudar a los hijos adolescentes.

Consejos para tratar la rebeldía en la adolescencia

Hasta aquí hemos expuesto las causas principales que provocan conductas rebeldes en los adolescentes. A continuación proponemos algunos consejos destinados a los padres para hacer más llevadera esta etapa.

Muestra comprensión y empatía. Ten en cuenta que se trata de una etapa pasajera. Acepta los cambios que se están produciendo en este periodo. Seguro que tu hijo se ha quejado en más de una ocasión de que nadie le entiende. Puede que te resulte complicado aceptarlo, pero es posible que tenga parte de razón. Si te muestras abierto, si le hablas de tus miedos e inquietudes cuando tenías su edad, te verá de una forma más cercana, como alguien en quien se puede confiar. Háblale también de tus amigos, de tus primeras relaciones sentimentales, y no intentes indagar en las suyas —esto solo lo distanciaría aún más—. Coméntale también cómo era tu relación con tus padres para que se sienta identificado con tu experiencia.

No le prohíbas todo lo que pida. Ya hemos visto algunas de las exigencias que pueden imponer los adolescentes —*piercings*, tatuajes, cambios de *look*, entre otros—. Selecciona algunos ámbitos en los que puedes ser más condescendiente, para que no te conviertas en su enemigo. Por ejemplo, podrías permitirle que escoja la ropa que le gusta o que decore la habitación a su antojo. De hecho, puedes implicarte aún más si le acompañas a ir de compras y aceptas el estilo de ropa o música que le guste.

Por María José González

www.lifeder.com (texto adaptado)

2 Busca en el texto las palabras o expresiones que signifiquen:

Ejemplo:

desafiantes	*rebeldes*
a transitorio	
b incomprensión	
c seguridad	
d investigación	
e reconocerse	
f permisivo	

4 Gramática en contexto y ortografía

1 En el siguiente texto los verbos están en *Infinitivo*. Transfórmalos en *Pretérito Imperfecto* de *Subjuntivo* o *Condicional*, según corresponda, en los espacios adecuados.

> Si [A] (*aprender*) ....*aprendiéramos*....... a negociar con los adolescentes, su comportamiento [B] (*presentar*) .... un cambio positivo. [C] (*Deber*) .... dejarse a un lado la educación consistente en una dictadura en la que los padres imponen normas y no hay posibilidad de discutirlas. Todo puede dialogarse. Si se [D] (*utilizar*) .... esta técnica de negociación para temas como la hora de llegada a casa, los viajes, etc. se [E] (*poder*) .... llegar a acuerdos satisfactorios para las dos partes. Si se [F] (*fomentar*) .... la comunicación familiar durante las comidas, sin encender la televisión ni otros aparatos electrónicos, se [G] (*disfrutar*) ....más de esos momentos familiares y se [H] (*mantener*) .... la calma si se producen altercados en la mesa.
>
> www.lifeder.com (texto adaptado)

2 El siguiente texto, que contiene más consejos para ayudar a los adolescentes, carece de tildes. Escríbelas en las palabras que correspondan.

> **Animarle a que practique *algún* deporte.** Los adolescentes suelen estar llenos de energia y, a veces, esta es la causa de que se comporten de forma agresiva. Por tanto, una buena opcion es que le propongas que realice algun deporte. En este punto se recomienda ser especialmente cautos, puesto que algunos deportes competitivos, como el futbol o el baloncesto, pueden potenciar las conductas agresivas.
>
> **Si el problema persiste, acudir a un especialista.** Numerosos adolescentes presentan **depresiones enmascaradas** —algunos por causas graves, como el *bullying* o acoso—. Se les llama de esta forma porque los jovenes, lejos de presentar los sintomas tipicos de apatia y tristeza, manifiestan conductas agresivas. Los sintomas de problemas mentales pueden pasar desapercibidos, confundiendose con la crisis tipica de la adolescencia. En el caso de que se perciba una conducta anomala, lo recomendable es acudir a un especialista.
>
> www.lifeder.com (texto adaptado)

5 Escritura

1 En el colegio has sido testigo del acoso escolar, o *bullying*, por parte de un compañero a otro. Escribe en tu cuaderno un correo electrónico al director del colegio en el que le cuentes lo sucedido, la situación emocional en la que se encuentra la víctima del acoso y cómo se le podría ayudar.

Para elaborar tu respuesta, es aconsejable que sigas las siguientes pautas:

- Pon un título adecuado.

- Escribe el membrete del correo electrónico con sus partes correspondientes.

- Debe ser un correo electrónico formal, puesto que debes escribir al director del colegio.

- El resto del formato es parecido al de una carta formal.

- Cuando empieces a escribir el contenido del correo electrónico, recuerda que tienes que contextualizar el enunciado de la pregunta.

- Debes comentar al director todo lo relacionado con el *bullying* que has presenciado, la situación de la víctima y algunas sugerencias para ayudarle.

- No olvides despedirte de forma adecuada.

4.3 Los jóvenes en el mundo

1 Vocabulario

1 La siguiente lista de palabras y expresiones está tomada del texto *Siete consejos para jóvenes en tiempos de crisis*.

calidad	conexiones	mercado	negocio	proyecto	sueldo
cartas de recomendación	currículum	muestra	oportunidades	puesto	

¿A qué aspecto de la realidad se ajustan mejor? Elige la respuesta correcta.

a el mundo de las relaciones sociales

b el mundo del trabajo

c el mundo de la informática

2 En el cuadro aparecen los siete consejos que da el autor a los jóvenes. Escribe al lado de cada uno de ellos una expresión equivalente, como en el ejemplo. Puedes buscar ideas en el texto y agregar otras propias.

Ejemplo: acepta la realidad	admite cuál es la situación
sé imprescindible	
muestra de lo que eres capaz	
shipea frecuentemente	
crea una plataforma	
establece conexiones	
nunca dejes de aprender	

2 Lectura y comprensión

1 Lee la siguiente historieta del autor Quino, en la que la niña Mafalda es el personaje central.

Quino, *Toda Mafalta*, Ediciones de la Flor, Buenos Aires (1991)

2 Responde.

    a ¿Con qué compara Mafalda el mundo de los adultos?

    ....

    b ¿A quién se refieren los pronombres *ellos* y *nosotros* en la última viñeta?

    ....

    c ¿Qué significa la expresión "ya estaban todos empezados" en este contexto? ☐

        i Llevaban mucho tiempo en la vida.

        ii Estaban siempre cansados.

        iii Sabían muy poco.

        iv Tenían poca paciencia.

Vuelve a leer el texto del músico René (Calle 13) *Algunos ilusos como yo creemos que podemos cambiar el mundo con la música* y realiza los siguientes ejercicios.

3 Según la introducción a la entrevista, elige la respuesta correcta. ☐

    La imagen de René…

    a es característica de los cantantes de su estilo.

    b se ha modificado después de los premios.

    c es muy diferente de la de los cantantes de su estilo.

    d ha cambiado el aspecto de los músicos.

4 Las siguientes frases referidas a las dos primeras preguntas de la entrevista son verdaderas (**V**) o falsas (**F**). Indica con [✔] la opción correcta y escribe las palabras del texto que justifican tu respuesta. Tanto [✔] como la justificación son necesarios para obtener un punto.

	V	F
Ejemplo:	✓	☐

René piensa que la música es un motor de transformación.

Justificación: creemos que podemos cambiar el mundo con la música ....

    a El padre de René es famoso.   ☐   ☐

    Justificación: ....

    b La madre de René se interesa por las cuestiones sociales.   ☐   ☐

    Justificación: ....

c El mensaje de sus canciones solo es posible transmitirlo a través de la música. ☐ ☐

Justificación: ....

d René pretende sensibilizar a las personas con sus canciones. ☐ ☐

Justificación: ....

5 Basándote en la pregunta 3 de la entrevista, responde.

a ¿Cuándo considera René aceptable el uso de la agresividad verbal?

....

b ¿Qué recurso emplea el cantante de Calle 13 para llamar la atención?

....

c En su lucha por causas sociales, ¿qué actitud tiene René?

....

3 Gramática en contexto

1 En tu cuaderno, transforma el diálogo de Mafalda y Susanita del discurso directo al discurso indirecto. Comienza de la siguiente manera:

Susanita le preguntó a Mafalda por qué…

2 Haz la misma transformación con la segunda pregunta y su respuesta incluidas en el texto de la entrevista al cantante René. Utiliza tu cuaderno para realizar esta actividad.

El periodista le preguntó a René que a qué se debía su conciencia política y René le respondió que…

3 Subraya todos los cambios que se han producido en pronombres, verbos y otras expresiones en ambos textos y reflexiona sobre esas transformaciones.

4 Las siguientes frases están tomadas de la audición que escuchaste en la Unidad 4.3 del Libro del Alumno: la entrevista a Andrés, un "rasta". Complétalas más abajo con el conector que te resulte más adecuado.

– Lo primero que tengo que decirte es que no me gusta esa definición de tribu urbana, [*porque*] me parece que separa a la gente.

– La mía es una experiencia cultural, con iguales ideologías o gustos que el resto del grupo al que pertenezco, [A], personalmente, yo puedo decirte que mi cultura es mi barrio, mi familia.

– Lo que pasa es que me interesa mucho la fusión de lo que traemos del pasado en Latinoamérica, que aquí en Perú es tan rico, con la conciencia afro, política, y [B], toda la estética que [C] viene de allí: el arte, la música, los colores.

– Yo uso una ropa y respeto una cultura y uso rastas, [D] me gusta sentirme parte de mi ambiente.

– La problemática que se crea es [E] la gente te etiqueta y se crean barreras que te separan de tus compañeros.

– Muchos de mis amigos siguen también las tradiciones latinoamericanas [F] la fusión es muy interesante.

– Este es un mundo muy difícil para los jóvenes [G] creo que con manejar el presente ya tenemos suficiente.

Ejemplo: porque ....

[A] ....

[B] ....

[C] ....

[D] ....

[E] ....

[F] ....

[G] ....

4 Escritura

1 Busca datos sobre el personaje de Mafalda.

2 Según lo que has leído sobre el personaje de Mafalda y lo que has observado en la historieta, elabora la hipótesis que Mafalda tiene sobre el mundo adulto.

....

....

....

3 En tu cuaderno, planifica una entrevista a este personaje para hablar de las relaciones entre el mundo adulto y el mundo de los jóvenes.

a Elabora las preguntas.

b Imagina sus posibles respuestas, teniendo en cuenta que ella debe ser coherente con su hipótesis y que debe sostenerla a través de argumentos. Ten en cuenta también que se trata de una niña pequeña. (Escribe 250–400 palabras).

4 Aquí tienes una entrevista con un especialista que tiene una visión negativa sobre la situación de los jóvenes "tecnológicos" en la sociedad. Léela.

"Los jóvenes ya no se relacionan con los otros de manera real"

Enrique Morales Amor es un profesor universitario peruano que se ha especializado en el trabajo con los adolescentes y en analizar su inserción en el mundo. Tiene una mirada un tanto alarmante sobre los jóvenes que viven inmersos en la tecnología, así que decidimos entrevistarlo para publicar sus reflexiones en la revista *Futuro*.

Periodista. — Encantados de tomar contacto con usted, profesor Morales. Sabemos de su interés por el universo de los jóvenes y nos sorprende su mirada negativa sobre la manera en la que ellos se están involucrando con el mundo que los rodea. ¿Cuál es el punto central de su opinión en relación con este tema?

Profesor. — Pues, a diferencia de lo que muchos creen, a mí me parece que ahora los adolescentes están madurando más lentamente que en otras etapas históricas. Sobre todo en las clases sociales donde el acceso a la tecnología existe. La dependencia de las redes sociales hace que los jóvenes se metan en el mundo de los teléfonos móviles, de las redes sociales, y ya no se relacionen con los otros de manera real.

Periodista. — Pero ¿usted no cree que, al mismo tiempo, esa actitud puede implicar una nueva forma de comunicarse?

Profesor. — Yo creo que el mundo de las redes sociales es un universo de relaciones como cualquier otro, pero me parece que lo importante es que los adolescentes sepan lo que hacen y cómo lo hacen y es allí donde veo la falla. Debe haber un equilibrio. Para los jóvenes de hoy el universo tecnológico no es un mundo más, sino el único mundo de relación. El problema es que tampoco los adultos saben darles la orientación adecuada.

Periodista. — ¿Usted cree que los jóvenes están bien predispuestos a recibir esa orientación?

Profesor. — No. Veo un obstáculo de comunicación en ambas direcciones. Ni los jóvenes están dispuestos a escuchar ni sus padres u orientadores están dispuestos a hablar demasiado al respecto.

Periodista. — ¿Y los riesgos de esta situación?

Profesor. — Los riesgos son muchos. Se trata de controlar el universo de la pantalla y, por supuesto, el adolescente es siempre un individuo que necesita ese control. Sin límites no funciona bien el universo de las tecnologías, pero tampoco otros universos donde la tecnología no interviene. Si no nos damos cuenta de que el adolescente necesita guía y control, el futuro se presenta problemático.

Periodista. — Nos deja inquietos, profesor.

Profesor. — Ese es mi objetivo. Hacer un llamado de atención.

Periodista. — En nombre de la revista *Futuro*, muchas gracias, profesor, y ojalá su mensaje provoque el efecto esperado.

Profesor. — Gracias a ustedes. Yo también espero que mis palabras encuentren la repercusión que necesitan.

5 Subraya en la entrevista anterior todas las opiniones negativas que encuentres. Después, en tu cuaderno, transforma esa entrevista cambiando la perspectiva del entrevistado, de modo que aparezca como una mirada muy positiva sobre la inserción de los jóvenes en el mundo actual a través de las nuevas tecnologías. Ten en cuenta que necesitarás hacer cambios también en las preguntas.

Puedes empezar así:

"La ampliación del mundo de las relaciones sociales siempre es beneficiosa"

Enrique Morales Amor es un profesor universitario peruano que se ha especializado en el trabajo con los adolescentes y en analizar su inserción en el mundo. Tiene una mirada muy positiva sobre los jóvenes y su posición actual, así que decidimos entrevistarlo para publicar sus reflexiones en la revista **Futuro**.

En ambas entrevistas, recuerda incluir lo siguiente:

* Título / encabezado

* Nombre del autor

* Introducción y conclusión que indiquen el objetivo de la entrevista

* Signos de diálogo que muestren con claridad el intercambio de interlocutores

* Uso de conectores que permitan relacionar las preguntas y las respuestas entre sí

* Recursos para captar el interés del receptor

* Registro adecuado a la situación (formal o informal)

4.4 Leyendas prehispánicas

1 Lectura y comprensión

1 Indica si las frases referidas a los siguientes párrafos del texto *Leyendas incas: Manco Cápac* son verdaderas (**V**) o falsas (**F**) y escribe las palabras del texto que justifican tu respuesta.

> *En las tierras que se encuentran al norte del lago Titicaca, unos hombres vivían como bestias feroces. No tenían religión, ni justicia, ni ciudades. Estos seres no sabían cultivar la tierra y vivían desnudos. Se refugiaban en cavernas y se alimentaban de plantas, de bayas salvajes y de carne cruda.*

Ejemplo: V   F

Los humanos ignoraban que podían hacer producir los campos.   [✓]   [ ]

Justificación: no sabían cultivar la tierra

a Los hombres se vestían con las pieles de los animales que cazaban.   [ ]   [ ]

    Justificación: ....

> *Inti, el dios Sol, decidió que había que civilizar a estos seres. Le pidió a su hijo Ayar Manco y a su hija Mama Ocllo descender sobre la tierra para construir un gran imperio. Ellos enseñarían a los hombres las reglas de la vida civilizada y a venerar a su dios creador, el Sol.*

b La misión de los hijos de Inti era la de hacer evolucionar a los mortales.   [ ]   [ ]

    Justificación: ....

> *Pero, antes, Ayar Manco y Mama Ocllo debían fundar una capital. Inti les confió un bastón de oro diciéndoles esto:*
> *—Desde el gran lago, adonde llegarán, marchen hacia el norte. Cada vez que se detengan para comer o dormir, planten este bastón de oro en el suelo. Allí donde se hunda sin el menor esfuerzo, ustedes construirán Cuzco y dirigirán el Imperio del Sol.*

c Respondiendo a la solicitud de Inti, los hombres edificaron Cuzco y gobernaron el Imperio del Sol.   [ ]   [ ]

    Justificación: ....

> La mañana siguiente, Ayar Manco y Mama Ocllo aparecieron entre las aguas del lago Titicaca. La riqueza de sus vestimentas y el brillo de sus joyas hicieron pronto comprender a los hombres que ellos eran dioses. Temerosos, los hombres los siguieron a escondidas.

d   Existían notables diferencias entre dioses y hombres.   ☐ ☐

Justificación: ....

> Ayar Manco y Mama Ocllo se pusieron en marcha hacia el norte. Los días pasaron sin que el bastón de oro se hundiera en el suelo. Una mañana, al llegar a un bello valle rodeado de montañas majestuosas, el bastón de oro se hundió dulcemente en el suelo. Era ahí que había que construir Cuzco, el "ombligo" del mundo, la que fue la capital del Imperio del Sol.

e   El "ombligo" del mundo se levantó en las montañas más altas.   ☐ ☐

Justificación: ....

> Es así que Ayar Manco, devenido Manco Cápac, en compañía de su hermana Mama Ocllo se sentó en el trono del nuevo Imperio del Sol. A partir de este día, todos los emperadores incas, descendientes de Manco Cápac, gobernaron su imperio con su hermana devenida en esposa.

f   Mama Ocllo fue la esposa de los emperadores incas que descendían de Manco Cápac.   ☐ ☐

Justificación: ....

---

2 Gramática en contexto

1   Completa el cuadro indicando a quién o a quiénes se refieren las palabras subrayadas del siguiente párrafo.

> Ayar Manco se dirigió a los hombres <u>que los rodeaban</u> y <u>comenzó a enseñarles a cultivar</u> la tierra, a cazar, a construir casas, etc. Mama Ocllo se dirigió a las mujeres y <u>les enseñó a tejer</u> la lana de las llamas para fabricar vestimentas. Les enseñó también a cocinar y a <u>ocuparse de la casa</u>…

En la frase...	la palabra...	se refiere a...
Ejemplo: que los rodeaban...	que	*los hombres* ....
a que <u>los</u> rodeaban...	los	....
b comenzó a enseñar<u>les</u> a cultivar...	les	....
c <u>les</u> enseñó a tejer...	les	....
d ocupar<u>se</u> de la casa...	se	....

3 Gramática en contexto

A partir del siguiente texto, realiza las actividades propuestas.

La concepción del mundo de los aztecas

Los aztecas consideraban que [*antes de*] ellos habían existido varios soles o dioses. Habían sido el sol de la tierra, el del viento, del fuego y del agua. Todos perecieron en un cataclismo. El quinto sol fue creado en Teotihuacán. Los dioses se reunieron para designar a quien tendría el honor de encarnar al nuevo astro. Acordaron que este Sol sería el astro rey. [A], como los precedentes, su destino era desaparecer también en un cataclismo. Es esta perspectiva pesimista el origen de la visión místico-guerrera de los aztecas. Tlacaélel logró persuadir a los sabios de que se podría evitar la muerte del Sol alimentándolo de agua preciosa. Este líquido era la sangre de seres humanos que habría que sacrificar para asegurar la supervivencia del astro solar. [B] no faltara jamás el agua preciosa, Tlacaélel instaura el principio de las "guerras floridas" entre diferentes ciudades. El objetivo era el de obtener suficientes prisioneros para los sacrificios. Para que el Sol viviera, la guerra se volvía indispensable. Los aztecas justificaban [C] sus conquistas por la misión suprema que debían cumplir.

www.americas-fr.com (texto adaptado)

1 Escoge de la siguiente lista las palabras que faltan para completar el texto y escríbelas a continuación.

ahora que	entonces	para que	porque
antes de	luego de	pero	sino

Ejemplo: antes de ....

[A] ....

[B] ....

[C] ....

PARA USAR CORRECTAMENTE LA LENGUA

El uso de los verbos

Pretérito Imperfecto:

La mayoría de los verbos del *Pretérito Imperfecto* terminan en *-aba* o en *-ía* (*amaba, tenía, definía*).

Sin embargo, algunos verbos, como *ir o ser* son irregulares: *ir (iba); ser (era).*

1 Completa cada columna del recuadro con los verbos del texto que estén en *Pretérito Perfecto Simple (Indefinido)* o en *Pretérito Imperfecto.*

Pretérito Perfecto Simple	Pretérito Imperfecto
	Ejemplo: consideraban
....	....
....	....
....	....
....	....
....	....
....	....

Atención a la alternancia de los pretéritos en la narración.

***Era** de noche y, como **llovía, tomé** un taxi.*

Tanto *era* como *llovía* están en *Pretérito Imperfecto*, indican una acción que dura en el pasado y sirven para describir la situación en la que la acción principal de la oración se produce.

Tomé es la acción principal y está en *Pretérito Perfecto Simple*. Es una acción que comienza y termina en el pasado. La sucesión de acciones en *Pretérito Perfecto Simple* es la que desarrolla la narración.

La alternancia de los pretéritos en la narración

2 Completa el siguiente texto conjugando los verbos entre paréntesis en *Pretérito Perfecto Simple* o en *Pretérito Imperfecto,* según corresponda.

En los orígenes, los hombres, los animales, los árboles y las piedras no (existir) .... sobre la tierra. Todo (ser) .... un gran territorio que (estar) .... cubierto por agua y donde no (haber) .... vida.

Entonces, los dioses (reunirse) .... y (tomar) .... algunas decisiones. (Hacer) .... surgir la luz y con ella (iluminar) .... la tierra. Luego, (obligar) .... al mar a retirarse y (dejar) .... aparecer la tierra donde (desarrollarse) .... los árboles y las flores. A continuación, (crear) .... a los animales, pero (considerar) .... que no (deber) .... vivir en silencio y les (dar) ....voz.

Como los animales solo (saber) ....gritar en lugar de hablar, decepcionados, los dioses los (castigar) .... y (crear) .... a los hombres. Estos seres dotados de voz e inteligencia (ser) .... los verdugos de las bestias y (alimentarse) .... de ellas.

4 | **4 Lectura y comprensión**

1 Responde las siguientes preguntas con palabras extraídas del texto *La concepción del mundo de los aztecas.*

 a ¿A qué consenso arribaron los dioses?

  ....

 b ¿Por qué el quinto sol correría la misma suerte que los anteriores?

  ....

 c ¿Qué expresión se utiliza en el texto para indicar que Tlacaélel convenció a los dioses de cambiar el destino del Sol?

  ....

 d ¿Con qué argumento los aztecas justificaban sus acciones guerreras?

  ....

5 Vocabulario

1 Encuentra en el texto los **sinónimos** de las siguientes palabras:

Ejemplo: origen, gestación

concepción ....

 a catástrofe, desastre natural

  ....

 b estrella, planeta

  ....

 c perspectiva, punto de vista

  ....

 d fundamento, norma

  ....

2 Encuentra en el texto los **antónimos** de las siguientes palabras:

Ejemplo: optimista

pesimista ....

 a común, vulgar

  ....

 b innecesario

  ....

 c insignificante

  ....

6 Escritura

Leyendas urbanas

Las leyendas urbanas son creencias populares que, a pesar de ser poco creíbles, logran penetrar en la mente de los individuos de una sociedad determinada o incluso del mundo entero. Tienen como característica la capacidad de difundirse rápidamente entre la población debido al carácter extraordinario del hecho que cuentan.

Estas historias han marcado a distintas generaciones de niños y adultos pertenecientes a diversas épocas y países y siguen vigentes a pesar de que la mayoría de las veces se ha podido demostrar su falsedad. Muchas de ellas son graciosas y divertidas, mientras que otras causan auténtico pánico o terror. Algunas de ellas han sido objeto de libros o de películas.

Son ejemplos notorios de leyendas urbanas los viajeros en el tiempo, las casas embrujadas, el cuerpo congelado de Walt Disney, el monstruo del lago Ness, la jeringuilla en el asiento del cine, los cocodrilos en las cloacas de las grandes ciudades o que Hitler no se suicidó, sino que logró escapar y vivió oculto muchos años más.

1   Escribe en tu cuaderno sobre una leyenda urbana que conozcas (entre 300 y 350 palabras).

- Puedes investigar en Internet acerca de estos temas.

- Debe estar basada en hechos reales o ficticios que hayan sucedido hace algún tiempo (por ejemplo, cuando eras niño/a).

- Trata de que pertenezca a tu propia cultura o de que tenga difusión mundial.

- Haz una planificación previa, en la que quede constancia de los hechos veraces y los imaginados.

- Repasa las características de la leyenda que has visto al principio de la unidad.

- Utiliza los tiempos propios de la narración en pasado (*Pretérito Perfecto Simple* y *Pretérito Imperfecto*).

5 Compartimos el planeta

5.1 Ruidos y sonidos

---

1 Vocabulario

Clasificando palabras por su significado

1 En el artículo *Funciones de la música en la sociedad*, del Libro del Alumno, se mencionan seis de sus funciones básicas, las cuales se encuentran en el cuadro de más abajo.

Coloca las palabras de la nube en la columna de la función correspondiente. Hay algunas que funcionan bien en más de una columna.

Funciones

Expresiva y comunicativa	Estética	Entretenimiento	Respuesta física	Ritual	Integración

Relee el texto para comparar tu perspectiva con la original.

2 Ubica las siguientes frases y palabras en el siguiente cuadro, como en el ejemplo. Ayúdate del diccionario siempre que lo necesites.

¡ay!	chillar	estridente	hablar	llorar	penetrante	susurrar
adormecedor	chillido	gemido	¡hola!	maullar	reír	susurro
afónico	débil	gemir	¡ja,ja!	maullido	risa	¡ufa!
atronador	delicado	*gritar*	ladrar	miau	silbar	vibrant
cantar	encantador	*grito*	ladrido	murmullo	silbido	
canto	ensordecedor	guau	llanto	murmurar	*sonoro*	

Onomatopeyas e interjecciones	Verbos	Sustantivos	Adjetivos
Ejemplo: ¡ay!	*gritar*	*grito*	*sonoro*

3 Ahora clasifica en la tabla los sustantivos según lo que expresen: ruido o comunicación. Hay algunos de ellos que pueden formar parte de ambas opciones.

Expresión de ruidos (humanos o animales)	Uso de la voz humana o animal como instrumento musical o de comunicación (sonido)
Ejemplo: chillido	*canto*

2 Escritura

1 Elige los dos sonidos humanos que te parecen más armónicos con la naturaleza. ¿Por qué crees que es posible esa armonía? Elige dos adjetivos de la última columna de arriba con los que los calificarías.

....

2 Elige los dos ruidos que te parecen más disarmónicos. ¿Qué características crees que los describen mejor? Elige algunos de los adjetivos que aparecen en la columna.

....

3 Elige una de las expresiones que quedan formadas a través de la unión de los sustantivos con los adjetivos correspondientes (por ejemplo: "risa vibrante" o "grito afónico") y escribe en tu cuaderno un correo electrónico a un amigo en el que le cuentes una experiencia que viviste en relación con esa situación (escribe 300-400 palabras, aproximadamente).

Recuerda tener en cuenta los siguientes aspectos:

- Incluye el asunto.

- Ten en cuenta a tu receptor en todo momento y dirígete a él.

- Incluye un saludo de apertura y cierre.

- Usa un registro informal, ya que le escribes a un amigo.

3 Lectura y comprensión

1 Las siguientes frases del texto *El ruido perjudica la salud* del Libro del Alumno son verdaderas **(V)** o falsas **(F).** Indica con [✓] la opción correcta y escribe las palabras del texto que justifican tu respuesta. Tanto [✓] como la justificación son necesarios para obtener un punto.

Ejemplo: V   F

El ruido puede afectar negativamente nuestra salud de forma permanente. [✓]   [ ]

Justificación: puede provocar una pérdida irreversible de audición ....

a Los efectos nocivos del ruido afectan a todas las personas por igual.   [ ]   [ ]

    Justificación: ....

b No se deben usar electrodomésticos ruidosos a ninguna hora del día.   [ ]   [ ]

    Justificación: ....

c Desde diferentes instituciones se están llevando a cabo iniciativas para combatir la contaminación acústica.

☐ ☐

Justificación: ....

d No existen leyes para controlar los niveles de ruido aceptables.

☐ ☐

Justificación: ....

2 Lee el siguiente texto.

Buenos Aires, una ciudad ruidosa

Por Laura Armanes

Para *Novedades Urbanas*, 28 de septiembre de 2017

Según estudios recientes, la ciudad de Buenos Aires ocupa el octavo lugar entre las ciudades más ruidosas del mundo, detrás de Bombay, Calcuta, El Cairo, Nueva Delhi, Tokio, Madrid y Nueva York.

Una de las mayores fuentes de ruido en la ciudad es el transporte público.

La esquina de las avenidas Corrientes y 9 de Julio, tal vez el cruce más icónico de la ciudad, al pie del Obelisco, es la más ruidosa, tanto de día como de noche, y supera holgadamente los niveles de ruido aceptables.

Esto significa que todos los porteños que habitan la ciudad, o el número mucho mayor de los que transitan sus calles diariamente para ir al trabajo y venir de él, ir a la universidad o a la escuela, están sometidos a una polución acústica que daña su salud.

Silvia Alicia Caponetto, profesora titular de la cátedra de Audiología de la UBA (Universidad de Buenos Aires) y jefa de Fonoaudiología en el Hospital de Clínicas, dice que en los últimos años han aparecido "acúfenos", el nombre técnico con el que se designa un zumbido en los oídos, como producto de la exposición continua a ruidos excesivos y molestos, que a veces es reversible y a veces no lo es. Ella cree que los porteños están tan acostumbrados a vivir en medio del ruido que no son conscientes de sus riesgos, por eso es necesario tomar medidas preventivas.

En este sentido se han puesto en marcha acciones como la renovación del parque automotor y el ordenamiento del tránsito para lograr la disminución de la contaminación sonora.

Hay planes relacionados con la colocación de árboles y la construcción de terrazas verdes que ya están en marcha. Además, se trabaja en la confección de un mapa del ruido que otras ciudades de la región, como Bogotá, Lima y Santiago, ya han confeccionado.

Los efectos de estos planes empiezan a mostrar los primeros resultados positivos y se observa una progresiva tendencia a la baja en los niveles de ruido que afectan hoy a la ciudad.

3 Responde: ¿de qué tipo de texto se trata?

....

Justifica tu respuesta, identificando en este texto sus características específicas:

a Encabezamiento con inclusión de título, autor, lugar de publicación y fecha

....

b Tema puntual

....

c Datos extraídos de fuentes y citas de autoridad

....

d Descripción de la situación

....

e Conclusiones (proyección hacia el futuro)

....

4 Basándote en el contenido del texto, relaciona las frases de la columna de la izquierda con las frases de la columna de la derecha. Escribe la letra correspondiente en la casilla.

En la ciudad…

Ejemplo:

el transporte público… 　　　　　　 ☐ 3

a algunas esquinas… 　　　　　☐

b los acúfenos… 　　　　　　　☐

c los porteños… 　　　　　　　☐

d los efectos de
la prevención… 　　　　　☐

1 … están completamente aislados.

2 … puede producir sueño.

3 *… constituye una fuente de ruido muy importante.*

4 … comienzan a percibirse.

5 … siempre resultan insuficientes.

6 … son lugares especialmente ruidosos.

7 … no se dan cuenta del peligro que corren.

8 … son consecuencia de la exposición frecuente al ruido.

9 … ya han superado completamente el problema.

10 … tienen protecciones especiales.

4 Gramática en contexto

1 Señala en el texto *Buenos Aires, una ciudad ruidosa* las formas irregulares de los verbos en *Presente*. Haz una lista con ellos. Indica una sola vez las formas que se repiten.

a ....

b ....

c ....

d ....

2 Completa las frases que aparecen a continuación con expresiones que indiquen posibilidad, obligación, deseo o necesidad, empleando las formas no personales del verbo.

Ejemplo:

El transporte público (producir)…

puede producir mucho ruido en la ciudad. ....

a La gente que trabaja en la ciudad (sufrir)…

....

b Los acúfenos (curarse)…

....

c La doctora Caponetto piensa que las autoridades (tomar)…

....

d Los mapas del ruido (medir)…

....

e Hay modificaciones urbanas que (disminuir)…

....

3 Elige el verbo adecuado y su forma correcta para completar las siguientes. Indica la irregularidad verbal que aparece en los casos en que sea necesario.

Ejemplo:

El mundo ....*es*............ *un lugar mejor sin ruido.*

i *es*　　　　　ii está　　　　　iii estaría　　　　　iv son

Verbo **ser***: irregularidad completa*

a Si el ruido te .... , ¡estás sano!

　　i inquietará　　　　ii produce　　　　iii inquieta　　　　iv produciría

b El ruido y yo........................... enemigos.

　　i son　　　　ii están　　　　iii estamos　　　　iv somos

c Cuando hay atascos........................... las bocinas.

　　i suenan　　　　ii ruedan　　　　iii sonaban　　　　iv rodaban

d   Hay tanto ruido en la calle que nadie .... lo que indica el guía.

   i   necesita   ii   entiende   iii   contiene   iv   necesitaría

e   Ahora .... dormir antes que escuchar tus gritos.

   i   rechazo   ii   rechacé   iii   prefería   iv   prefiero

4   Lee el siguiente texto y complétalo con las formas no personales de los verbos que correspondan.

Vehículos ecológicos

Existen ciclomotores ecológicos, originariamente (construir) [*construidos*] en Suiza, que no emiten ningún gas contaminante y además resultan muy económicos para su uso.

No son los únicos ejemplos. Cada vez hay más vehículos (crear) [A] con estas características. En el caso de todos estos vehículos, la tecnología cumple la finalidad de (optimizar) [B] la eficiencia y (minimizar) [C] la contaminación acústica y atmosférica. Sus diseñadores están (comprometer) [D] con la idea de (crear) [E] un medio ambiente más sano.

La necesidad de (actuar) [F] sobre los vehículos que recorren las ciudades es cada día más evidente y por eso continúan (aparecer) [G] nuevas ideas en esta misma línea.

Muchos piensan que, al (proponer) [H] al mercado vehículos (construir) [I] según esta perspectiva, tienen la posibilidad de (obtener) [J] beneficios económicos, pero también creen que han (conseguir) [K] un nuevo avance en la protección del planeta.

Estos vehículos son principalmente útiles para (atenuar) [L] la polución en las ciudades y están (intentar) [M] que en el futuro todos los medios de transporte respondan a estas tecnologías.

www.mujeresycia.com

Ejemplo: construidos ....

[A]   ....   [H]   ....

[B]   ....   [I]   ....

[C]   ....   [J]   ....

[D]   ....   [K]   ....

[E]   ....   [L]   ....

[F]   ....   [M]   ....

[G]   ....

5 Escritura

1   Trabajo de investigación: averigua la situación de tu ciudad (o de la capital más cercana al lugar donde vivas) en el *ranking* mundial de ruido.

2   Escribe en tu cuaderno un artículo informativo, en el que expliques cómo viven los habitantes de tu ciudad en relación con ese aspecto, qué situaciones podrían mejorarse y qué medidas correctas se están tomando en relación con el tema.

5.2 La alimentación en el planeta

1 Lectura y comprensión

1 Lee el siguiente texto informativo sobre los alimentos transgénicos.

LOS ALIMENTOS TRANSGÉNICOS

¿En qué consisten los alimentos transgénicos?

Los alimentos transgénicos son aquellos que han sido producidos a través de **modificaciones genéticas**, mediante las cuales se pretende agregar características nuevas o mejorar las existentes en la especie. Se intenta facilitar su producción y, además, que no tengan repercusiones negativas en su consumo, sino que se asemejen en la mayor medida posible a su variante natural.

La industria de la producción de alimentos transgénicos tiene una gran importancia, pues, de ser sabiamente utilizada, contribuiría a acabar con el hambre y a abaratar la producción en zonas donde se dispone de muy poco espacio para cultivar, o donde las poblaciones no poseen la fertilidad o condiciones físico-climáticas que permiten producir alimentos. Sin embargo, y de forma más extendida, se dice que los alimentos transgénicos solo han servido para enriquecer la industria lucrativa de alimentación a través de la producción rápida y masiva de alimentos.

www.mipielsana.com (texto adaptado)

2 Contesta las siguientes preguntas, basándote en el texto anterior sobre los alimentos transgénicos.

a ¿Qué tipo de transformación se lleva a cabo en los alimentos transgénicos?

....

b ¿Qué es lo que se trata de evitar en la producción de alimentos transgénicos?

....

c ¿Qué se pretende erradicar con los alimentos transgénicos?

....

d ¿Qué expresión del texto hace referencia al menor coste de los alimentos transgénicos?

....

e ¿Cuál es la mayor crítica a los alimentos transgénicos?

....

3 Continúa leyendo el siguiente texto con más información acerca de los alimentos transgénicos.

LA MODIFICACIÓN GENÉTICA DE LOS PRODUCTOS ALIMENTICIOS

1 La tecnología utilizada, básicamente, consiste en modificar genéticamente una fruta o verdura, haciéndola más resistente a las plagas que la ataquen. Sin embargo, esto altera de cierta forma su composición. Los defensores de dicha práctica creen que con la modificación genética se pretende lograr alimentos mucho más resistentes y con mejores cualidades nutritivas, que sean más beneficiosas para el ser humano. Es decir, nos podemos encontrar con maíz más resistente a los insectos, tomates que duran más tiempo en el refrigerador sin echarse a perder, arroz rico en vitamina A, cosechas más resistentes a sequías, cultivos que sobreviven a insecticidas y herbicidas, café sin cafeína, etc.

2 Es por ello que los defensores de los productos producidos de forma natural, u orgánicos, piden que todos los productos que han sido modificados genéticamente traigan una etiqueta donde se pueda evidenciar que han sufrido este proceso. Poder diferenciar entre alimentos naturales y alimentos resultantes de ejemplares modificados genéticamente les permite a los consumidores decidir sobre lo que ingieren, sobre todo si sienten que su organismo no está preparado para este nuevo tipo de alimentos. Esto es especialmente importante, sobre todo, si se entiende que la cuestión de los alimentos genéticamente modificados ha traído consigo una gran controversia, incluido el riesgo para la salud por el desarrollo de alergias graves.

www.mipielsana.com (texto adaptado)

---

2 Vocabulario

1 Busca en el párrafo 1 del texto anterior las palabras o expresiones que tengan el siguiente significado:

Ejemplo:

cambiar .....modificar...

a fuerte ....

b elementos ....

c favorables ....

d nevera ....

e producción agrícola ....

f sembrado ....

g escasez de agua ....

3 Lectura y comprensión

1   Señala si las siguientes afirmaciones son verdaderas (**V**) o falsas (**F**) y justifica tu respuesta con palabras del texto, basándote en el párrafo 2.

                                                 V   F

a   Los partidarios de lo natural exigen que los alimentos transgénicos vengan con un sello que los identifique. ☐ ☐

   Justificación: ....

b   La gente no presta atención al origen de los alimentos. ☐ ☐

   Justificación: ....

c   La manipulación de los alimentos ha creado mucha polémica. ☐ ☐

   Justificación: ....

d   Los productos transgénicos son buenos para la salud. ☐ ☐

   Justificación: ....

2   Lee los siguientes beneficios e inconvenientes de la producción de alimentos transgénicos.

- Alimentos con más nutrientes
- Intolerancia a los alimentos
- Mejor sabor en los productos
- Contaminación del suelo
- Incremento de sustancias tóxicas en el ambiente
- Mejor adaptación de las plantas a condiciones de vida más duras
- Aumento en la producción de los alimentos
- Aceleración en el crecimiento de las plantas y animales
- Resistencia de los productos a los insectos
- Daños a plantas y animales
- Capacidad de los alimentos para utilizarse como medicamentos
- Alteración del ecosistema
- Enriquecimiento desmedido de los responsables de su producción
- Acceso desigual a los alimentos transgénicos

3 Ahora distribuye los anteriores efectos de los alimentos transgénicos en las siguientes columnas, considerando si se trata de beneficios o inconvenientes de este tipo de alimentos.

Beneficios de los alimentos transgénicos	Inconvenientes de los alimentos transgénicos
Ejemplo: • Alimentos con más nutrientes • • • • •	• • • • • •

4 Gramática en contexto

1 Lee el siguiente texto y complétalo con las preposiciones que faltan. Para ello, ayúdate de las que aparecen en el recuadro. Algunas de ellas pueden estar repetidas.

a	ante	con	*de*	desde	en	para	por

Algunos alimentos transgénicos

- **Soja transgénica:** Los cambios que se hacen a partir de los genes extraídos [A] ....de......... los herbicidas de bacterias se introducen en las semillas de soja. Cuando esta es modificada, resulta mucho más resistente [B].......................... los herbicidas.

- **Maíz transgénico:** [C] ....el caso del maíz, los nuevos genes son insertados en el genoma de la planta. Gracias a estas modificaciones que recibe es mucho más resistente a los insectos y herbicidas. Los granos de maíz que se producen gracias a la transformación genética se caracterizan [D] ....ser más brillantes y tener un color anaranjado.

- **Carnes transgénicas:** Este tipo de carnes se produce [E] .... hace más de 20 años, cuando los animales (cerdos, aves, peces y vacas) comenzaron a ser modificados. Las modificaciones tienen el objetivo de aumentar el tamaño y el peso de los animales, así como el de acelerar su crecimiento.

- **Trigo transgénico:** Este trigo es mucho más resistente [F] .... las sequías, a los insecticidas y a los insectos. Sin embargo, vale la pena resaltar que actualmente hay más casos de gente que resulta intolerante al trigo, los celíacos, por lo que se cree que hay una relación directa [G] .... las modificaciones genéticas que se han hecho en el trigo.

- **Arroz transgénico:** [H] .... poder modificarlo genéticamente, al arroz se le deben introducir tres genes nuevos. El resultado es un arroz con mayor contenido en vitamina A.

- **Café transgénico:** Generalmente el café es modificado con el único objetivo de aumentar la producción, aunque también suele ser modificado para conseguir una mayor resistencia a los insectos, para disminuir los niveles de cafeína y [I] .... mejorar su aroma.

www.mipielsana.com (texto adaptado)

2 Algunos verbos del siguiente texto están en *Infinitivo*. Transfórmalos en *Futuro Imperfecto* de *Indicativo*, como en el ejemplo.

Los investigadores indican que el aumento de la demanda de algunos alimentos, como la carne y los productos lácteos, [A] (*disminuir*) ....*disminuirá*........ la eficiencia del sistema alimentario y [B] (poder) .... dificultar la alimentación sostenible de la población mundial. Ello [C] (causar) .... un grave daño ambiental: [D] (aumentar) .... las emisiones de gases de efecto invernadero, [E] (agotar) .... el suministro de agua y [F] (causar) .... pérdidas en la biodiversidad.

Alentar a la gente a comer menos productos de origen animal, reducir el desperdicio de comida y no exceder las necesidades nutricionales [G] (poder) .... ayudar a disminuir esta tendencia. La reducción de las pérdidas del sistema alimentario mundial [H] (mejorar) .... la seguridad alimentaria y [I] (ayudar) .... a prevenir el daño medioambiental.

www.rtve.es (texto adaptado)

5 Escritura

1 En la clase de Ciencias del colegio estáis estudiando el impacto y la influencia en nuestro mundo de los alimentos transgénicos. Escribe en tu cuaderno un informe sobre el tema para la clase.

Para elaborar tu respuesta, es aconsejable que sigas estas pautas:

- Pon un título adecuado.

- Debes utilizar un tono objetivo.

- El registro debe ser neutro.

- Si lo consideras oportuno, puedes consultar previamente Internet para obtener datos concretos sobre el tema.

- Al comienzo de tu escrito debes contextualizar tu comentario en función del planteamiento de la cuestión.

- Presta atención al hecho de que tu informe deberá ser para la clase de Ciencias.

- Aporta datos concretos y objetivos sobre el impacto y la influencia de los alimentos transgénicos.

- Analiza el tema y procura ofrecer algunos resultados de hipotéticas investigaciones.

- Concluye el informe de forma adecuada.

5.3 Pandemias

1 Lectura y comprensión

Lee el siguiente texto, que forma parte de la entrada del blog de Dronte referida a la "era de las epidemias".

1 En 2014, un equipo de investigación de la Universidad de Brown identificó todos los brotes de enfermedades infecciosas entre 1980 y 2010. En esos 30 años el número anual de brotes se triplicó en todo el mundo y las enfermedades que los causan casi se doblaron.

2 En parte por esto, en 2007 entraron en vigor las regulaciones internacionales de salud de 2005. Estas regulaciones permitieron a la Organización Mundial de la Salud que pudiera crear políticas globales contra las enfermedades internacionales. Desde entonces, la OMS ha declarado cuatro emergencias de salud pública de importancia internacional (la antesala de la fase 6, o "pandemia global").

3 El primer gran factor de cambio son las transformaciones medioambientales. Pero, entre todos los factores, sin lugar a dudas el más importante es el cambio climático. La deforestación y reforestación, las inundaciones, las hambrunas y las tendencias climáticas de fondo son un torpedo dirigido a la línea de flotación de los equilibrios de los ecosistemas. Así, fenómenos como la rapidísima extensión del zika, la epidemia del síndrome pulmonar por hantavirus en el suroeste de Estados Unidos en 1993 o el brote de cólera en Haití tras el terremoto de 2010 son ejemplos de cómo la degradación medioambiental es el terreno de juego ideal para las epidemias que se están desarrollando actualmente.

www.xataka.com (texto adaptado)

1 Responde las siguientes preguntas.

a En la frase del párrafo 1 "las enfermedades que los causan casi se doblaron", ¿a qué palabra se refiere *los*?

....

b ¿Qué consecuencias tuvo la aplicación de las regulaciones internacionales de salud? (Párrafo 2).

....

c ¿Cuáles son algunas de las causas de la degradación medioambiental? (Párrafo 3).

....

2 Relaciona los resúmenes indicados a la derecha con los párrafos que correspondan. Escribe la letra correspondiente en la casilla.

Ejemplo:

Párrafo 1   [e]

Párrafo 2   [   ]

Párrafo 3   [   ]

a Las regulaciones internacionales han informado hasta ahora de cuatro pandemias globales.

b Investigadores universitarios registraron la totalidad de las enfermedades infecciosas existentes en los dos últimos siglos.

c Las enfermedades infecciosas afectan de manera directa el equilibrio medioambiental.

d Las regulaciones de salud de la OMS se aplicaron luego de un tiempo.

e *El número de brotes infecciosos en el mundo no ha dejado de crecer.*

f Los cambios medioambientales están creando las condiciones apropiadas para el desarrollo de las epidemias internacionales.

2 Vocabulario

1 Busca en los párrafos 1 y 2 cuáles son las palabras o las expresiones equivalentes.

Ejemplo: grupo

equipo ....

a reconocer

....

b contagiosas

....

c multiplicar por tres

....

d multiplicar por dos

....

e comenzar a aplicar

....

f medidas

....

g alcance

....

2 Encuentra en el párrafo 3 las expresiones del texto que signifiquen lo siguiente:

Ejemplo: causa de origen atmosférico, biofísico o humano que provoca una alteración

factor de cambio ....

    a mediciones precisas del clima en una zona y en un periodo de tiempo determinados

    ....

    b ataque a la estabilidad ecológica

    ....

    c campo propicio

    ....

---

3 Gramática en contexto

Oraciones complejas subordinadas

1 Transforma las siguientes oraciones simples en una oración subordinada.

Ejemplo:

– Las regulaciones de salud son internacionales.

– La Organización Mundial de la Salud aplica regulaciones.

Las regulaciones de salud [que aplica la Organización Mundial de la Salud] son internacionales.

    a – Las medicinas no tienen costo alguno.

       – El hospital distribuye las medicinas.

       Las medicinas .... no tienen costo alguno.

    b – El Centro de Salud es un organismo público.

       – El Centro de Salud se encarga de las vacunas.

       El Centro de Salud es el organismo público ....

    c – El dengue es una enfermedad.

       – El mosquito transmite la enfermedad a través de la picadura.

       El dengue es una enfermedad ....

    d – El mosquito *Aedes Aegypti* se cría en recipientes.

       – Los recipientes acumulan agua.

       El mosquito *Aedes Aegypti* se cría en recipientes ....

    e – Las condiciones medioambientales se degradan.

       – La degradación de las condiciones medioambientales produce epidemias.

       Las epidemias se producen ....

2 Analiza algunas de las siguientes oraciones subordinadas: indica de qué tipo son (sustantivas, adjetivas o adverbiales), cuál es el nexo que las introduce y por qué palabra podrían ser reemplazadas.

Ejemplo:

Las enfermedades (que los causan) casi se doblaron.

Adjetiva - Nexo: que - las enfermedades causantes

a Las regulaciones de la Organización Mundial de la Salud permitieron que se pudieran crear políticas globales.

....

b Los brotes de cólera son muy comunes cuando se producen terremotos o tsunamis.

....

c La degradación medioambiental es el terreno de juego ideal para las epidemias que se desarrollan actualmente.

....

4 Lectura y comprensión

Lee los tres comentarios al blog de Dronte sobre la "era de las epidemias" y realiza las siguientes actividades.

 MIGUEL

★ ★ ★ ★ 5 sep., 12:54

Si se acerca la "era de las epidemias", cómo llamaríamos entonces a 7.000 millones de seres contaminando el planeta (la tierra, los océanos, los ríos, etc.), consumiendo sus recursos descontroladamente, destrozando sus especies, sus selvas y bosques. ¿Plaga?

5   Porque estarán de acuerdo conmigo en que el hombre es como un virus o una bacteria y que el mundo es como el organismo de una persona. Cuando los virus y las bacterias comienzan a atacar a un cuerpo hasta ese momento sano, el organismo comienza a enfermarse y a deteriorarse, hasta que deja de funcionar. La Tierra ya está enferma, ¿el hombre acabará con ella?

 RENATO

★ ★ ★ ★ 5 sep., 13:32

Pues soy de los años noventa y ya estoy casi acostumbrado a las epidemias, que si vaca loca, que si gripe aviar (y demás especies del reino animal).

A mi entender, mutaciones y épocas de mayor actividad de virus y enfermedades es algo que siempre hubo en nuestra historia, pero gracias a la globalización todo se 5   escala mucho más rápido, viajamos más, importamos y exportamos más, pues es mucho más fácil para animales, vegetales e insectos infectados llegar a todos los sitios.

Y con más enfermedades y sus portadores llegando a nuevos sitios, a nosotros nos toca aprender y aplicar las medidas de prevención lo más rápido posible.

5

 HAMTA

* * 5 sep., 14:17

Ya, ya, ya. Tranquilo. Que tú también eres parte del problema, publicando desde tu teléfono o PC, que usa elementos altamente tóxicos en su fabricación y no solo al desecharlos.

También comes, también generas desechos. Tú, tus padres, tus hijos, tu pareja.
5 TODOS.

Ya molestan un poco los falsos ambientalistas que quieren cambiar el mundo con Facebook y un teclado y que, además, son los que pertenecen al sector más consumista, con sus teléfonos inteligentes que cambian cada 2 años.

¿Solución? MORIR. Es la única manera en la que no vamos a perjudicar al planeta.

10 Si quieres un cambio, solo hazlo. Pero deja de tratar a la raza humana como un "MAL" cuando tú también formas parte de ella. Ni por un momento pienses o sientas que eres superior, porque no es así. Todos contribuimos a que el planeta se contamine. ¿Qué tanto contribuyes tú?

1 En su comentario, Miguel realiza dos comparaciones. ¿Puedes indicar cuáles son?

a ....

b ....

2 Completa la idea final de Miguel.

Los .... pueden terminar con la .... como los
.... con un cuerpo sano.

5 Vocabulario

1 Basándote en el comentario de Renato, busca las palabras o expresiones del texto que signifiquen lo siguiente:

Ejemplo: estar cerca de adquirir un hábito

casi acostumbrado ....

a según la opinión de quien se indica

....

b transformaciones

....

c asciende vertiginosamente

....

d personas o animales que llevan o transmiten algo

....

6 Lectura y comprensión

1 Completa el cuadro indicando a quién o a quiénes se refieren las palabras subrayadas en el comentario de Hamta.

En la frase...	la palabra...	se refiere a...
Ejemplo: *no solo al desechar<u>los</u>... (líneas 2-3)*	*los*	*elementos altamente tóxicos*
a son <u>los que</u> pertenecen... (línea 7)	*los que*	....
b en <u>la que</u> no vamos a perjudicar... (línea 9)	*la que*	....
c solo haz<u>lo</u>... (línea 10)	*lo*	....
d formas parte de <u>ella</u>... (línea 11)	*ella*	....

2 Indica si las frases referidas a los tres comentarios del blog de Dronte son verdaderas (**V**) o falsas (**F**) y escribe las palabras del texto que justifican tu respuesta.

<u>En el comentario de Miguel:</u>

Ejemplo: V   F

La humanidad hace un uso abusivo de los bienes naturales.   ✓   ☐

Justificación: <u>consumiendo sus recursos descontroladamente</u> ....

a   Los hombres son los responsables de la conservación del mundo animal.   ☐   ☐

   Justificación: ....

b   Nuestro planeta aún está a salvo de la contaminación de sus recursos naturales.   ☐   ☐

   Justificación: ....

<u>En el comentario de Renato:</u>

c   Los virus estuvieron presentes en las distintas etapas de la humanidad.   ☐   ☐

   Justificación: ....

d   El creciente intercambio de personas y bienes dificulta la toma de medidas de prevención de enfermedades.   ☐   ☐

   Justificación: ....

5

En el comentario de Hamta:

e La humanidad en su conjunto, incluido yo, produce desperdicios contaminantes.

□ □

Justificación: ....

f Los que más consumen suelen ser protectores convencidos del medioambiente.

□ □

Justificación: ....

7 Escritura

Elige una de las siguientes tareas y escribe en tu cuaderno alrededor de 250 palabras para el Nivel Medio y entre 300 y 400 palabras para el Nivel Superior.

1 Un país que tiene problemas con la fiebre amarilla está haciendo una gran campaña publicitaria promocionando sus playas y bellezas naturales. Tú colaboras como voluntario en la Organización Mundial de la Salud y te han pedido que redactes un conjunto de instrucciones sobre las medidas preventivas que deben tomar los turistas antes y durante el viaje.

Para ello haz lo siguiente:

• Busca información en Internet sobre la fiebre amarilla.

• Indica un título.

• Redacta una introducción (puedes utilizar una definición), una lista ordenada de consejos o instrucciones y un cierre con comentarios adicionales o una conclusión.

• Utiliza el registro formal o informal, según prefieras.

• Emplea el modo *Imperativo* o el *Infinitivo*.

• Agrega marcas visuales e imágenes o dibujos.

2 Has leído en el blog de Dronte referido a la "era de las epidemias" tres comentarios bastante polémicos (Miguel, Renato y Hamta) y quieres responder a uno de ellos dando tu opinión sobre el tema. Escribe en tu cuaderno tu propio comentario para ser publicado en el blog.

• Busca información en Internet, si la necesitas.

• Respeta la estructura propia de un comentario de blog.

• Utiliza algunas oraciones complejas (coordinadas y subordinadas).

5.4 Palabras

1 Vocabulario

Palabras para entender mejor la estructura de un poema

1 Busca en un diccionario la definición de *poema* y transcríbela aquí:

....

....

....

Basándote en esa definición y en la información que te permitió comprender mejor *Pido silencio* y *La palabra*, de Pablo Neruda, trata de lograr una identificación de los recursos literarios que se mencionan a continuación. Relaciona las frases de la columna de la izquierda con las frases de la columna de la derecha. Escribe la letra correspondiente en la casilla.

Ejemplo:

Una <u>comparación</u> marca… [l]   1 … *semejanzas y diferencias entre objetos.*

a Una <u>antítesis</u> es… [ ]   2 … una similitud.

b Una <u>metáfora</u> relaciona siempre… [ ]   3 … las personas.

c Una <u>personificación</u> da vida a… [ ]   4 … cosas inanimadas o abstractas.

5 … una oposición.

6 … dos términos imaginarios.

7 … personajes históricos.

8 … un término real y un término imaginario.

2 Busca en los dos poemas que has leído en la Unidad 5.4 del Libro del Alumno un ejemplo de cada recurso.

a Comparación

Ejemplo: … soy como un pozo (Pido silencio)

....

b Antítesis

Ejemplo: Salimos perdiendo… Salimos ganando (La palabra)

....

c Metáfora

Ejemplo: … adentro de mí crecerán cereales (Pido silencio)

....

d Personificación

Ejemplo: ... son las palabras las que cantan (La palabra)

....

Palabras de palabras

Ya que la poesía es básicamente un juego de palabras, vas a crear más palabras a partir de algunas de ellas.

3 Vas a formar nuevas palabras mezclando las letras que contiene cada palabra de la lista. Las palabras que se forman pueden ser de cualquier extensión y categoría. Tienes un ejemplo en la primera línea de cada grupo.

Sustantivos y adjetivos como punto de partida

palabras	pala, labras, las , para, etc.
corazón	
oscuro	
estrellas	
sonoro	
inesperadas	
vocablos	
amados	
cristalinas	
vibrantes	

Verbos como punto de partida

persigo	sigo, ríes, pero
muerdo	
atrapo	
preparo	
revuelvo	
agito	

Adverbios como punto de partida

temprano	temo, mano, rema
glotonamente	

4   Construye versos locos a partir de algunas combinaciones de las palabras nuevas que creaste.
    Puedes agregar conectores.

    Ejemplo: Uso la pala para no usar la mano y mi mente rema en la espera...

    ....

    ....

    ....

    ....

    ....

    ....

    ....

2 Lectura y comprensión

Lee el siguiente texto y responde a continuación.

4° Concurso Juvenil de Poesía Pablo Neruda

*Publicado el **9 de junio de 2016** por Vivaleer en Noticias.*

1   Estudiantes de secundaria de todo el país podrán participar de este galardón, que busca apoyar la escritura de autores emergentes. El primer lugar recibirá un millón de pesos y quinientos mil en libros.

2   Con 14 años y aún lejos del seudónimo que lo haría mundialmente famoso, un joven Neftalí Reyes publicó sus primeros poemas, *Mis ojos* y *Primavera*, en el número 566 de la revista *Corre Vuela*. Un joven poeta de Temuco, con aquellos poemas adolescentes, ya había puesto la semilla en tierra. Pronto llegarían las publicaciones en revistas literarias de la Araucanía, Chillán y Valdivia; los premios en los juegos florales y las fiestas de la primavera. A los 16 años, a galope de la poesía con su faz sombría y aires de escritor sufriente, decide llamarse Pablo Neruda.

3   Cien años atrás la poesía hervía por todo el país. Un poeta era un héroe local, un ser fundamental en cada comunidad. Pablo Neruda era uno de ellos. Hoy la poesía sigue viva, pero quizás se haga más difícil su búsqueda entre tanta maraña. A la caza de las jóvenes promesas de las letras surge el **Concurso Juvenil de Poesía Pablo Neruda**. Un semillero que, a pesar de su corta trayectoria, ha logrado visibilizar a jóvenes talentos de las letras de distintas regiones del país.

4   En su cuarta versión están invitados a participar jóvenes chilenos y extranjeros residentes en Chile que cursen su enseñanza media, de cualquier liceo o colegio. Cada participante deberá presentar una obra que contenga entre tres y cinco poemas originales, con una máxima extensión de cinco carillas. El tema es absolutamente libre.

5   El plazo de entrega corre del lunes 6 de junio hasta el miércoles 31 de agosto de 2016, debiendo enviar los trabajos únicamente por correo postal. El ganador recibirá un millón de pesos, más quinientos mil en libros. Además, se premiarán diez menciones honrosas con un premio de doscientos mil pesos en libros.

6   El jurado está compuesto por cinco poetas, escritores y académicos, y la premiación se realizará este año en día por convenir.

Más información
Bases: *www.fundacionneruda.org/es/noticias-y-actividades/4-concurso-juvenil-pablo-neruda-2016*
Facebook: *www.facebook.com/concursojuvenil*

www.vivaleercopec.cl (texto original)

5

Compartimos el planeta

Basándote en los párrafos 1 y 2, responde las siguientes palabras:

1 ¿Quiénes son los destinatarios del mensaje del texto?

....

2 ¿Qué edad tenía Neruda cuando publicó sus primeros poemas?

....

3 ¿Qué expresión usa el autor para indicar que, cuando era joven, Pablo Neruda tenía un aspecto triste?

....

4 Basándote en el párrafo 3, escribe en la casilla la opción correcta. ☐

Según los organizadores del concurso, la poesía…

a solo es patrimonio de los jóvenes.

b en la sociedad actual está escondida.

c en algunas áreas nació gracias a Neruda.

d está más vigente que nunca en la zona rural.

5 Las siguientes frases referidas a los párrafos 4, 5 y 6 son verdaderas (**V**) o falsas (**F**). Indica con [✓] la opción correcta y escribe las palabras del texto que justifican tu respuesta.

	V	F
Ejemplo:		
El concurso solo está destinado a estudiantes locales.	☐	✓

Justificación: jóvenes chilenos y extranjeros ....

a Los participantes pueden elegir sobre qué escriben. ☐ ☐

Justificación: ....

b Los trabajos se reciben en el sitio web de los organizadores. ☐ ☐

Justificación: ....

c Existen otros reconocimientos que se suman al que recibe el ganador. ☐ ☐

Justificación: ....

d Todos los miembros del jurado son poetas. ☐ ☐

Justificación: ....

3 Vocabulario

1   A continuación, tienes dos descripciones, que siguen el modelo que usa Neruda para describir la palabra:

El amanecer

Todo lo que usted quiera, sí señor, pero es el amanecer el que me despierta, me encandila, me pone por primera vez en contacto con el día…

Me sorprendo ante él… Lo veo pocas veces; en general se me escapa mientras duermo, me esquiva, me manda rayos de luz, me llama con voces de pájaros en verano…

Las estrellas

Son las estrellas las que me guían en la noche, me indican las estaciones, me dicen que la noche está despejada. Se escapan cuando hay nubes. Titilan con el viento.

Las miro siempre y me imagino que allí hay mundos escondidos, lejanos, de hadas. No me gusta pensar que por ahí hay hombres como nosotros. Me encanta imaginar paisajes misteriosos y seres muy distintos, de colores, transparentes, que se despiertan bajo los rayos de cada uno de esos soles…

Muchas veces las cuento; sé que es imposible, pero las ordeno, las agrupo, las llamo. Sí, les hablo… Nunca me contestan con palabras, porque hablan con luz y, cuando lloro, las veo más confusas, pero sé que siempre están ahí y que siempre, siempre vuelven las noches de verano.

Señala en este último texto los aspectos que se indican a continuación. Tienes un ejemplo de cada uno:

a   Acciones propias: *las miro,* ....

....

b   Acciones del objeto: *me guían en la noche,* ....

....

c   Características (cómo son y qué me parecen): *allí hay mundos escondidos* ....

....

d   Enumeraciones: *me guían en la noche, me indican las estaciones, me dicen que la noche está despejada* ....

....

e   Juegos de opuestos: *Nunca me contestan / pero sé que siempre están ahí* ....

....

2 Elige tus dos palabras favoritas en español y crea una descripción de ellas a través de enumeraciones que abarquen lo siguiente:

a Acciones propias: *yo siento; yo hago estas acciones frente a ese objeto o esa situación; yo adopto esta perspectiva; yo lo veo así.*

b Acciones del objeto o de la situación: *él o ella hace determinadas acciones que lo ponen en contacto conmigo.*

c Características del objeto o la situación: *cómo es, qué me parece.*

d Puntos suspensivos.

e Juegos de antítesis u opuestos.

4 Lectura y comprensión

1 Observa las dos imágenes que aparecen en el Libro del Alumno:

Imagen 1: la foto que aparece en la sección "Para entender" (página 268).

Imagen 2: la foto que aparece acompañando al texto *Silencio y palabra en la poesía de Neruda* (página 272).

2 Establece una comparación entre ellas a partir de las siguientes preguntas.

a ¿Quién aparece en cada imagen?

....

....

b ¿Qué características tiene el personaje en cada una de las imágenes?

....

....

c ¿Qué está haciendo?

....

....

d ¿Hay similitudes o diferencias en su aspecto? ¿A qué crees que se deben estas características?

....

....

e ¿Dónde crees que puede registrarse esta escena? ¿Por qué?

....

....

3 Vuelve a leer los hechos de la vida de Neruda e identifica situaciones que puedan guardar relación con cada una de las imágenes.

....

....

....

4 En tu cuaderno, redacta el texto de tus conclusiones como una presentación de esas imágenes para la clase. Recuerda incluir los siguientes aspectos:

- Saludo inicial.

- Presencia de tus oyentes (dirígete a ellos y mantente en contacto permanente).

- Fórmula de cierre.

- Recursos como preguntas, repeticiones o aspectos humorísticos.

- Registro adecuado: formal o informal, según la actitud que elijas.

5 Vocabulario

1 Elabora enumeraciones a partir de los siguientes conjuntos.

   a primavera

   Ejemplo: flores, vida, sol, aromas…

   ....

   b verano

   Ejemplo: calor, descanso, luz, mar…

   ....

   c otoño

   Ejemplo: hojas, amarillo, oscuridad, nostalgia…

   ....

   d invierno

   Ejemplo: frío, lluvia, nieve, hogar…

   ....

2 Clasifica los elementos de las enumeraciones en campos semánticos.

Naturaleza	Aspectos subjetivos
Ejemplo: flores	*Ejemplo: vida*

---

6 Escritura

1 Observa las imágenes que hay a continuación.

Con la ayuda de ellas, vas a escribir un poema. Para ello sigue los pasos que se describen a continuación:

- Propón un verso que corresponda a cada una de las siguientes imágenes.

- Ordénalas según tu gusto y criterio.

- Recuerda incluir enumeraciones, puntos suspensivos, juegos de palabras, antítesis, etc.

- Ponle un título.

Luego comparte tu creación con el resto de la clase.

Con todos los poemas escritos se puede crear una antología de poemas.

Mi poema

....

....

....

....

....

....

....

....

....

....

....

....

....

Acknowledgements

The authors and publishers acknowledge the following sources of copyright material and are grateful for the permissions granted. While every effort has been made, it has not always been possible to identify the sources of all the material used, or to trace all copyright holders. If any omissions are brought to our notice, we will be happy to include the appropriate acknowledgements on reprinting.

Unit 1.1 'El impacto de las redes sociales en el lenguaje' www.Infobae.com; 'Razones para no dejar de hablar español' http://adolescentes.about.com; Unit 1.2 extracts from *Diarios de motocicleta Notas de un viaje por América Latina* by Ernesto Che Guevara, published by Ocean Sur; Unit 1.3 text 'Valorar las propias raíces ayuda a surgir' by Manuel Fernández Bolvarán El diario El Mercurio http://diario.elmercurio.cl; 'El Liceo Guacolda de Cholchol Obtuvo el Primer Luagr en Concurso de Cocin' http://noticiasdegalvarino.blogspot.com.ar/ and originally published http://www.intercomuna.cl/; Unit 2.1 text from text from https://lafavoritacb.com/es/atencion-al-cliente/94-blog/articulos/91-sombreropanama; 'Sombreros de gomaespuma' from www.shatss.com; Unit 2.3 text from 'Entrevista a la jugadora de fútbol y capitana del C.D. Zamora Amigos del Duero Sara Peláez Martín (Saritilla)' interview by Verónica Blanco on elmundodeverito.blogspot.gr; Unit 2.4 excerpts from *Comunidad de los parques* and *El perseguidor* by Julio Cortázar, reproduced with the permission of Agencia Literaria Carmen Balcells; Unit 3.1 'Influencia de Frida Kahlo en la moda' adapted from article 10 razones por las que Frida Kahlo fue la gran visionaria de la moda by Clara Ferrero May 2016 http://smoda.elpais.com/; unit 3.2 *De cómo Borges adivinó Internet y otras fabulaciones by Manuel Gimeno, Fundación Orange*; Unit 3.3 'Ética para robots' by Antonio Orbe https://hipertextual.com/2012/06/etica-para-robots; Unit 3.4 'El mal fotógrafo' by Juan Villoro; 'Los orígenes del cine' adapted from http://mujeresycia.com/; Unit 4.1 José García Abad "10 cartas con las que le enseñó el oficio"; Unit 4.2 'La rebeldía en la adolescencia' from https://www.lifeder.com; Unit 4.3 Mafalda © Joaquín S. Lavado (Quino)/Caminito S.a.s. Literary Agency; Unit 4.4 texts from www.americas-fr.com; Unit 5.1 text from www.lanacion.com.ar; text from www.mujeresycia.com; Unit 5.1 'Los alimentos transgénicos' from www.mipielsana.com; Unit 5.3 'La 'Era de las Epidemias' ya ha comenzado' by Javier Jiménez and online comments from www.xataka.com, adapted and used with the permission of author; Unit 5.4 4° Concurso Juvenil de Poesía Pablo Neruda https://fundacionneruda.org

Thanks to Getty Images for permission to reproduce images:
Cover irvingb; *Inside* domin_domin; lucapierro; Fuse; Sam Edwards; PeopleImages; Sol Vzquez Cantero/EyeEm; Best View Stock; Imgorthand; Indeed; Peathegee Inc; Li Xin/EyeEm; Markus Altmann; Dave and Les Jacobs